듣기 좋은
잔소리 가이드북

부모되는
철학시리즈
함께 나누는 행복 이야기

부모가 된다는 것은 지구상에서 가장 힘들고 어렵다. 동시에 가장 중요한 일이기도 하다. '부모되는 철학 시리즈'는 아이의 올바른 성장을 돕는 교육 가치관을 정립하고 행복한 가정을 만들어 가는 데 긍정적인 역할을 할 것이다. 부모가 행복해야 아이들도 행복하다. 행복한 아이와 행복한 부모, 나아가 행복한 가정 속에 미래를 꿈꾸며 성장시키는 것이 부모되는 철학의 힘이다.

듣기 좋은
잔소리 가이드북

아이의 공부력을 키우는 말의 기술

초판1쇄 발행 2025년 12월 31일	**지은이** 김태균

펴낸이 김태영	**펴낸곳** 씽크스마트 책짓는 집	**주소** 경기도 고양시 덕양구 청초로 66 덕은리버워크 B-1403호	**전화** 02-323-5609

출판사 등록번호 제395-313000025 1002001000106호	**ISBN** 978-89-6529-4887 (03370)	**정가** 17,000원	ⓒ 김태균

이 책을 만든 사람들	**책임편집** 김무영	**편집** 신재혁	**홈페이지** www.tsbook.co.kr **인스타그램** @thinksmart.official **이메일** thinksmart@kakao.com

• **씽크스마트** 더 큰 생각으로 통하는 길

'더 큰 생각으로 통하는 길' 위에서 삶의 지혜를 모아 '인문교양, 자기계발, 자녀교육, 어린이 교양·학습, 정치사회, 취미생활' 등 다양한 분야의 도서를 출간합니다. 바람직한 교육관을 세우고 나다움의 힘을 기르며, 세상에서 소외된 부분을 바라봅니다. 첫 원고부터 책의 완성까지 늘 시대를 읽는 기획으로 책을 만들어, 넓고 깊은 생각으로 세상을 살아갈 수 있는 힘을 드리고자 합니다.

• **도서출판 큐** 더 쓸모 있는 책을 만나다

도서출판 큐는 울퉁불퉁한 현실에서 만나는 다양한 질문과 고민에 답하고자 만든 실용교양 임프린트입니다. 새로운 작가와 독자를 개척하며, 변화하는 세상 속에서 책의 쓸모를 키워갑니다. 흥겹게 춤추듯 시대의 변화에 맞는 '더 쓸모 있는 책'을 만들겠습니다.

자신만의 생각이나 이야기를 펼치고 싶은 당신. 책으로 사람들에게 전하고 싶은 아이디어나 원고를 메일(thinksmart@kakao.com)로 보내주세요. 씽크스마트는 당신의 소중한 원고를 기다리고 있습니다.

듣기 좋은
잔소리 가이드북

아이의 공부력을 키우는 말의 기술

김태균 지음

아이를 응원하는 부모를 위한 책

저는 '부모는 아이가 가는 길옆에 등불 하나 밝혀두는 존재다'라는 말에 동감합니다.

아이가 살아가는 동안 아무리 험하고 고된 인생길을 만날지라도 등불을 의지하여 헤쳐나갈 수 있다면 행복한 것이 부모 마음일 것입니다.

요즘 들어 우울한 청소년이 많아진 것은 참으로 가슴 아픈 현실입니다. 그들이 바라보는 세상이 활기차고 살맛이 나고 기대되는 삶의 무대가 되도록 기성세대는 합심하여 일구어야 할 것입니다. 그리고 무엇보다 공부가 재미있다는 것을 깨달을 수 있게 등불을 켜야 합니다.

아이는 가정을 통해 세상을 보는 눈을 키우고 이것을 점차 학교로 확장하고 사회로 출발하는 과정을 겪으며 성장합니다. 그러므로 부모의 교육관은 자녀의 나침반이 되어 인생을 이끕니다. 이 얼마나 대단하고 숭고한 책무입니까?

우리 전통적인 밥상머리 교육이 바쁘다는 이유로 사

라진 현실이 안타깝습니다. 부모도 처음이라서 잘 양육하고 싶지만, 뜻대로 되지 않아 속상할 것입니다. 그런 부모 세대에게 학부모 교육은 매우 중요합니다. 특히 학교에서는 80년대생 학부모를 불안의 세대라고 말합니다. 남과 비교해서 기준을 정하고 그렇지 않으면 잘못될지도 모른다는 불안감이 차올라 예민해져 있습니다. 불안한 시선으로 내 자녀를 보았을 때 미덥지 않을 뿐만 아니라 아이를 과도하게 재촉하게 되는 현상이 벌어지거나 지레 포기해 버리는 일까지 발생합니다.

제가 40년 가까이 현장에서 아이들을 지켜본 결과 깨달은 점은 그들은 저마다 작은 씨앗 하나를 품고 태어나, 그것을 가꾸기 위해 자신만의 속도로 나아가고 있다는 것입니다. 때로는 씨앗을 키우기 위해 비바람도 맞아야 하고 스스로 물도 주어야 합니다. 그래야만 튼튼한 결실을 맛보겠지요. 학생이라는 것은 배우는 자입니다. 스스로 성취한 것을 통해 동기를 강화해 가고, 실패를 통해서도 배웁니다. 단 본인이 그것을 메타인지를 통해 스스로 인식하였을 때 긍정적인 피드백이 따라옵니다. 부모의 잔소리와 감정 섞인 다그침과 비난은 자녀와의 관계만 어긋나게 할 뿐입니다. 그러므로 부모는 자녀가 스스로 배울 기회를 앗아가거나 주도해서는 안 됩니다. 때로는 기다려주어야 하고 때로는 믿어주는 슬

기로운 부모가 되어야 합니다.

학창 시절에 열심히 공부해야 하는 이유는 어떤 아이에게는 공부가 적성에 맞지 않는 일일지라도 해야만 하는 일을 참고 성실하게 해내는 근력을 키울 수 있는 시기가 될 것이고, 공부에 재능이 있는 아이에게는 세상에 날아오를 날개를 준비하는 시기가 되기 때문입니다.

부모의 적절한 개입은 잠깐의 도움은 될 수 있으나 아이가 스스로 해낸 그것만이 온전히 아이 것이 됩니다. 그러므로 부모는 조바심을 내려놓고 등불 하나를 켜는 마음으로 아이가 자신을 스스로 세울 수 있도록 자녀를 응원해야 합니다. 자녀를 응원하는 방식은 가정에서 생활의 루틴을 정하는 것에서부터 건강관리를 하는 등 다양한 방식이 있을 것입니다.

이 중요한 시점에서 학습코칭의 대가이신 김태균 박사님의 깊은 통찰로 빚어낸 지침서를 읽고 용기를 내실 많은 부모님들을 응원합니다.

교육학 박사, 오은주

부모를 위한 따뜻한 길잡이 같은 책

진료 교사로서 매일 아이들을 만나면 가장 자주 듣는 말이 있다. "공부하기 싫어요. 공부가 힘들어요." 그때마다 나는 어떤 말을 건네야 할지, 부모는 어떤 언어로 다가가야 할지 스스로 묻는다. 우리는 정말 아이의 마음을 알고 있을까. 문제의 중심은 누구에게 있을까. 이 책은 그 질문의 한복판을 정확하게 겨눈다. 아이가 게으르거나, 부모의 사랑이 부족해서가 아니라 아이에게 건네는 언어와 하루를 설계하는 구조가 준비되지 않았기 때문이라는 사실을 또렷하게 보여준다.

저자는 커리어 학습코칭 전문가로 현장의 시행착오와 이론을 오랫동안 연구해 오고 있다. 그는 연구자이면서 실행을 해 온 사람이기에, 이 책에서 말의 온도와 방법의 절차를 함께 제시한다. 단순한 정보 전달을 넘어 의미를 연결하고, 선택지를 넓히고, 작은 실행으로 마무리하는 순환을 구체적인 도구와 사례로 풀어낸다. 특히 "왜 공부 안 해?"라는 심문형 문장을 "지금 무슨 생각하고 있었니?" "다시 한다면 어디서부터 시작할래?" 같은 가능성의 질문으로 바꾸는 리프레임 전략이 깊이 남는다. 질문이 바뀌는 순간, 회피와 방어의 문턱은 낮아지고 아이는 스스로 선택하고 책임지는 연습을 시작한다. 그 연습이 이어질 때 오늘의 행동은 자연스럽게 내일의 삶과 연결된다.

책이 반가운 이유는 "좋은 말"이 아니라 움직이게 하는 말을 보여 주기 때문이다. 감정을 가라앉히는 한 문장, 기대 수준을 맞추는 합의 절차, 작은 성공을 기록·공유하는 방법까지 작동하는 디테일이 살아 있다. 밥상머리 대화 가이드, 주간 계획표, 스마트폰 사용 규칙, 체크리스트 등 생활 속 장치들은 사랑을 통제로 만들지 않고 예측 가능성과 자율성으로 전환한다. 읽다 보면 교실에서 바로 써 보고 싶고, 상담실에서 문장 하나를 바꿔 보고 싶고, 오늘 밤 집에서 대화를 새로 시작해 보고 싶어진다. 학부모 교육 장면에서도 비난을 멈추고 묻는 법을 배우는 순간 가정의 공기가 달라진다는 것을 실제 대화문으로 증명한다.

공부 역량은 시험이 끝나면 꺼지는 불이 아니라 매일의 연습과 스스로의 선택으로 커지는 근력이다. 이 책은 그 역량을 키우는 가장 현실적이고도 따뜻한 길잡이다. 진로 교사로서 나는 이 책을 동료 교사들과 학부모에게 자신 있게 권한다. 오늘 밤, 아이에게 건넬 단 한 문장을 바꿔 보자. 아이의 표정이 달라지고, 우리 집의 공기가 바뀌는 변화를 곧 확인하게 될 것이다.

중학교 진로 교사, 문현심

자기주도성을 키워주는 책

"공부해라."라는 말은 사랑의 표현이지만, 때로는 아

이의 마음을 닫게 만듭니다.

김태균 저자의 이 책은 부모의 말 한마디가 아이의 내면과 관계, 나아가 인생을 어떻게 바꾸는지를 명쾌하게 보여줍니다. 지시에서 질문으로, 통제에서 신뢰로, 평가에서 공감으로.

이 책은 단순한 자녀교육서가 아니라 부모와 자녀가 다시 연결되는 '관계 회복의 안내서'입니다. 밥상머리 대화에서 학습 루틴까지, 오늘 바로 실천할 수 있는 구체적인 대화 전략들이 가득합니다. 말의 프레임이 바뀌는 순간, 아이의 미래도 달라집니다. 아이의 자기주도성을 키우고 싶은 모든 부모에게 이 책을 추천합니다.

『내 아이는 내 뜻대로 키울 줄 알았습니다』 저자,
KPC코치 훈민에듀코칭 대표, 김선희

아이의 마음을 성장시키는 책

세상에서 가장 큰 특권이자 어려운 일 중 하나는 바로 '부모로 산다는 것'이다. 특히 사춘기를 지나는 청소년기의 자녀와 마주할 때, 부모는 매일 새로운 숙제를 받는 듯한 마음으로 살아간다. 아이는 하루가 다르게 변하고, 부모는 그 변화의 속도를 따라가기에 벅차다. 이 책은 바로 그 불안과 고민의 시기에 부모에게 꼭 필요한 나침반이 되어준다. 단순한 양육 지침서가 아니라, 부모와 자녀가 함께 성장하는 '마음의 지도'다.

학습 코치이자 교육학 박사인 저자는 수많은 청소년과 부모를 만나온 경험을 바탕으로, 현실적인 조언과 깊은 통찰을 전한다. 단순히 '공부 잘하는 법'을 말하는 책이 아니라, 아이의 학습 이면에 숨겨진 마음의 신호를 읽고, 그 마음을 성장으로 이끄는 방법을 알려준다. 저자는 정답이 아닌 질문으로, 지식이 아닌 사랑과 공감으로 다가가는 진심 어린 대화를 통해 학습 동기와 자존감은 자연스레 살아난다고 전한다.

이 책은 각 chapter에서 실생활에 적용할 수 있는 부모 셀프 코칭 기법들을 전하고 있다. 더 늦기 전 용기 내어 아이에게 다가가는 힘과 지혜를 얻자. 세상에서 가장 행복한 부모와 자녀와의 관계와 성장을 돕는, 실제적이고 적용하기 쉬운 값진 책이 나타났다. 지금 바로 <더 나은 부모가 되기 위한 필독서> 책을 펼치자.

펀펀힐링센터 대표, 김혜경

엄마들의 동반자 같은 책

사춘기 자녀를 둔 엄마에게 가장 어려운 일은 아이를 '가르치는 것'이 아니라 아이와 '대화하는 것'이다. 좋은 뜻으로 건넨 말이 돌아올 때는 한숨이 되어 돌아오고, 공부 이야기를 꺼내려고 입을 여는 순간 이미 공기가 얼어붙는다. "또 시작이구나."라는 아이의 표정 하나만으로도 마음이 먼저 무너질 때가 많다. 나 역시 그 막막함 속에서 이 책을 만나게 되었다.

이 책을 통해 나는 중요한 사실을 알게 되었다. 아이가 변하지 않은 것이 아니라, 내가 건넨 방식이 아이에게 닿지 않았던 것이었다. 마음은 분명 사랑이었지만, 표현 방식은 '점검'과 '통제'의 언어에 머무르고 있었다. 결과적으로 아이는 방어했고, 나는 좌절했다. 그 반복이 결국 '거리'가 되어버렸다.

이 책은 그 틈을 메우는 방법을 알려준다. "왜 공부 안 해?"라고 묻던 습관을 "오늘은 뭐가 제일 힘들었어?"라는 질문으로 바꾸는 단순한 전환이, 아이의 마음을 다시 연결하는 시작이 된다. 대화가 잔소리가 아니라 '관심'으로 들리기 시작하고, 관계가 서서히 회복된다. 이 책이 말하는 리프레임은 기술이 아니라 태도이며, 아이를 몰아붙이기보다 아이 곁에서 다시 걸어주는 방식이다.

그래서 이 책은 한 번 읽고 책장에 꽂아 둘 책이 아니다. 마음이 지치고, 대화가 끊기고, 또다시 내가 아이에게 상처를 준 건 아닐까 후회가 몰려올 때마다 꺼내봐야 할 엄마들의 현실 동반자 같은 책이다. 아이를 바꾸기 위해서가 아니라, 아이에게 닿는 방법을 회복하기 위해, 필요한 책이다.

나는 이 책이 매일 마음속에서 스스로에게 하는 질문을 바꿔 준다고 믿는다. "어떻게 하면 더 시킬까?"가 아니라 "어떻게 해야 아이 마음이 내 곁으로 돌아올까?"라는 질문으로. 그 작은 전환에서 다시 관계가 시작된다.

전교 1등 고등학생 엄마, 황수진

더 나은 부모가 되기 위한 필독서

32년째 부모로 살아오며, 20년 이상 수많은 학부모와 아이들을 만나왔습니다. 그 과정에서 가장 많이 들은 질문은 "어떻게 하면 아이가 스스로 공부할 수 있을까요?", "공부하는 과정을 통해 부모와 자녀와의 관계가 깨지는 것이 아니라 행복하게 할 수는 없을까요?"였습니다.

이 책은 그 질문에 대한 따뜻하고도 실질적인 해답을 담고 있습니다. 부모로서의 이상과 현실 사이에서 괴로워하는 이들에게 그 간극을 메워주는 든든한 길잡이이자, 더 나은 부모로 성장하기 위한 실천서입니다.

저자와 저는 대학원 선후배로, '메타인지 학습'에 대한 깊은 관심 속에서 처음 만났습니다. 이후 학습코치로서 아이의 자기주도학습력과 부모의 코칭 언어를 함께 연구해 온 동료이기도 합니다. 저자는 이론이 아니라 현장에서 아이들과 부모들을 오랜 시간 마주하며 쌓은 경험으로 매우 구체적인 언어를 우리에게 전해주고 있습니다. 따뜻하면서도 현실적이고, 자녀의 마음에 진심으로 닿을 수 있는 언어는 당장 우리 집에서 사용할 수 있는 매뉴얼처럼 느껴졌습니다.

이 책은 '부모의 언어와 태도의 전환(Reframe)'을 통해 아이의 내적 동기를 키우고, '스스로 공부하는 힘, 길, 말, 집'이라는 구체적인 실천 전략을 제시합니다. 아이의 인생이 바뀌는 순간은 특별한 사건이 아니라, 부모의 '말 한마디, 시선 하나'에서 비롯된다는 사실을 일깨워 줍니다.

"지시에서 질문으로, 통제에서 신뢰로"라는 문장은 제가 지난 20년간 현장에서 발견한 아이들의 성장 원리와도 정확히 맞닿아 있습니다. 공부 근육은 건강한 관계 속에서 자란다는 사실을 다시 확인시켜 주고 있습니다.

이 책은 아이를 바꾸기보다 먼저 부모의 시선과 언어를 따뜻하게 바꿀 것을 권합니다. 책 속의 한 문장, 한 질문이 부모와 자녀의 대화를 바꾸고, 그 대화가 자녀가 스스로 움직일 수 있는 에너지를 공급해 줄 것입니다. 학부모님들께 이 책을 진심으로 추천드립니다.

아이의 성장을 돕는 가장 좋은 출발점은, '부모의 생각과 언어를 바꾸는 일'입니다.

이야기로 여는 생명수학학원 원장, 곽태옥

부모와 자녀가 함께 성장하도록 돕는 책

인간은 발달단계를 거치면서 신체의 성장뿐만 아니라 사고 구조의 질적 변화 과정을 거치면서 성숙하게 된다. 사고의 습관은 우리가 가지고 있는 사고, 감정, 행동의 경향성으로 문화적, 사회적, 언어적, 심리적 코드나 규범에 의해 정형화된다. 이러한 사고의 습관은 우리가 세상을 이해하고 행동하고 타인과 상호작용하는 일종의 준거 틀(frame of reference)로 작용하여 익숙하고 특정한 방식으로 사고하고 행동하게 된다. 더 나은 부모가 되기를 원한다면 부모로서 자신의 준거 틀을 점검해 볼 필요가 있다.

이 책은 학습, 진로, 멘탈 코칭 분야에서 활발하게 활동하고 있는 전문가의 연구와 현장 경험을 바탕으로 부모로서 리프레임(reframe)의 중요성과 방법에 관한 유익한 팁을 담고 있다. 이 책에서 저자는 부모가 자녀에게 진정으로 원하는 것은 특정한 행동을 원하거나(예 : 공부하라), 또는 특정한 지식(예: 공부의 중요성)을 원하는 것이 아님을 깨우쳐주고 있다. 저자는 부모들은 자녀가 단순히 부모의 통제에 따라 공부하는 것이 하니라 부모-자녀와의 올바른 관계 형성을 통해 서로가 신뢰하는 존재임을 인식하고, 부모와 자녀가 함께 공감하고 성장하는 원리를 이해하기 쉽게 설명하고 있다. 이 책에서는 공부 이전에 관계의 중요성을 깨닫고, 부모 자신의 관점을 성찰하고, 자녀의 동기, 자존감, 태도, 행동 변화에 대한 부모 관점에서의 접근 방법을 다루고 있다는 점에서 부모와 자녀가 함께 변화하고 성장할 수 있다는 점을 강조하고 있다.

이 책은 학습, 진로, 코칭, 평생 교육 등 저자의 학문적 전문성에 근거하여 실제 경험과 사례를 다루고 있기 때문에 자녀 교육에 대해 막연하고 추상적인 생각을 가지고 있는 독자들의 궁금증을 해소시킬 수 있을 것으로 기대한다. 무엇보다 학습과 진로 코칭을 오랫동안 담당한 현장 전문가이자 교육학 박사로서 직접 겪으며 고민해 온 자녀와의 소통과 관계 개선에 대한 이야기와 유익한 가이드를 제공해주고 있다는 점에서 독자들에게 귀한 영감을 줄 것으로 기대한다.

숭실대학교 평생교육학과 교수, 교육대학원장,
커리어·학습코칭 전공 주임교수, 유기웅

아이들과 책으로 마음을 나누어 온 독서지도활동가이자, 한 아이의 부모로서, 저는 늘 같은 고민에 마주합니다. "책 속에서 배운 따뜻한 언어를, 나는 내 아이에게도 제대로 전하고 있는가?" 독서 수업에서는 공감과 성찰, 소통의 가치를 자연스럽게 전하며 아이들의 마음을 열 수 있습니다. 하지만 집에서는 어느새 "공부해라!"라는 말이 먼저 나오고, 사랑에서 비롯된 말조차 아이에게는 상처로 닿을 때가 있습니다. 이 책은 바로 그런 부모의 마음을 먼저 따뜻하게 안아줍니다. 독서 수업에서 책 한 권이 아이의 생각을 바꾸듯, 부모의 한마디가 아이의 삶을 바꿀 수 있다는 것을 보여줍니다. 어떤 말이 아이의 마음을 성장으로 이끄는지, 어떤 문장이 아이의 자존감을 깨우는지 세심하게 안내합니다.

"지시는 행동을 바꾸지만, 공감은 마음을 움직인다."

이 문장을 읽는 순간, 독서 수업에서 아이들과 나누었던 대화가 떠올랐습니다. 아이들은 자신의 생각이 존중받을 때 변화합니다. 자신의 마음이 존중받는 아이는 스스로 성장하며, 자연스럽게 자존감과 올바른 학습 태도를 갖추고 스스로 삶의 의미를 찾아가는 힘을 갖게 됩니다.

무엇보다 이 책이 특별한 이유는, 부모에게 완벽함을

요구하지 않는다는 점입니다. 오늘 단 한 문장, 단 한 질문만 바꿔보는 작은 시도도 충분히 아이의 마음을 열고, 배움의 즐거움을 찾아주며, 그 마음이 아이의 독서와 배움의 태도까지 바꿀 수 있다는 것을 저는 수업 속에서 수없이 확인해왔습니다. 이 책은 그 장면을 집에서도 그대로 느끼고 함께 만들어갈 수 있는 방법을 선물합니다. 책을 읽다 보면, 단어보다 먼저 마음이 전해질 때가 있습니다. 부모의 언어를 바꾸는 일이 결국 부모의 마음을 바꾸는 일이라는 것을 조용히, 그러나 깊이 일깨워 줍니다. 한마디의 힘을 잊은 우리에게, 이 책은 다시금 따뜻한 언어의 불씨를 지펴 주고, 부모와 아이가 서로의 마음을 이해하고 존중하는 긍정의 변화를 가져다줄 것입니다. 아이를 사랑하는 마음으로 오늘도 더 나은 부모가 되고 싶은 모든 분께, 이 책을 마음 위에 살며시 올려드립니다.

그림책 이야기 대표, 독서지도 활동가, 그리고 한 아이의 엄마, 강경미

자녀 마음의 근력을 키워주는 책

아이의 성적 뒤에 숨겨진 진짜 불안, 바로 '부모의 말과 태도'가 만드는 공부 정서입니다. 이 책은 "왜 공부 안 해?"라는 윽박지르는 질문 대신, "무슨 생각 하니?"라는

호기심 질문을 건네는 따뜻한 코칭법을 제시합니다.

날카로운 전문성으로 무장한 저자는 밥상머리에서 시작해 사교육 활용, 스마트폰 규칙, 그리고 자존감 대화까지, 아이 스스로 동기를 발견하고 주도적으로 삶을 이끌게 하는 구체적인 전략을 ReFrame이라는 이름으로 명쾌하게 정리하고 있습니다.

이 책은 단순히 학습지도를 위한 코칭방법을 제시하는 책이 아닙니다. 아이를 가장 고유하고 특별한 존재로 인정하고, 실패를 성장의 자원으로 바꾸는 성숙한 부모의 언어를 가르쳐주는 지침서입니다. 그리고 성숙한 부모의 언어는 자녀의 학습정서를 ReFrame할 수 있는 원동력이 될 것입니다.

오늘 밤, 아이에게 해줄 단 한 마디를 바꾸는 것만으로도 아이의 인생은 결정적인 순간을 맞이할 수 있고, 어쩌면 부모는 아이의 인생의 결정적인 순간을 만들어줄 가장 중요한 한 사람일 수도 있습니다. 자녀의 평생을 지탱할 마음의 근력을 키워주고 싶은 모든 부모님께 강력히 추천합니다.

숭실대학교 자유전공학부 교수, 남상은

부모는 늘 고민한다. '우리 아이는 왜 자꾸 방 안으로 들어가지?' '왜 내 말에 대꾸가 없을까?' 요즘 따라 자녀와의 거리가 멀게 느껴졌던 부모에게 이 책을 추천한다.

사랑하는 마음은 다 같으나, 표현하는 방식은 다 다르다. 어떤 집은 밥상머리에서 웃음이 꽃피고, 어떤 집은 눈치 보느라 바쁘다. 차이는 바로 부모의 언어다. 이 책은 사랑하는 자녀에게 표현하는 방법이 어려워 다가가지 못했던 부모들에게 유용한 해법책이 되어줄 것이다. 자기주도학습이라는 말이 무색하게 여전히 타인주도학습을 하는 아이들에게도 길을 알려주는 책이 될 것이다.

AI 시대에 Chat GPT도 말해줄 수 없는 실질적인 비법을 알고 싶다면 이 책을 꼭 읽어보라고 말하고 싶다. 부모에게는 시선과 언어 프레임을 전환할 수 있는 계기를, 자녀에겐 성적보다 오래가는 마음의 근력을 키우게 되는 기회가 될 것이다. 교육학 박사이자 실제 청소년 대상 자기주도 학습코칭을 20여 년간 이어온 저자의 노하우가 아낌없이 주는 나무처럼 쏟아지는 책이기에, 만약 서재에 꼭 하나의 부모교육 필독서만 남긴다면 이 책을 선택하겠다.

커리어코치, 『한국형커리어코칭을 말한다』 저자,

커리어코치, 두 아이 워킹맘, 신은희

아이의 인생이 바뀌는 결정적인 순간은 부모 마음의 표현 방식이 결정한다

"공부해라." 그 한마디는 사랑에서 시작되는 것이 분명하다. 아이가 잘되길 바라는 마음, 뒤처지지 않기를 바라는 부모의 염려하는 마음이 담겨 있다. 그러나 아이의 표정은 굳어버리고, 대화는 끊긴다. 부모는 속으로 후회하게 된다. '아, 또 말했구나…' 문제는 마음이 아니다. 마음을 표현하는 언어의 프레임이다. 같은 사랑의 표현이라도 어떤 말로 전달하느냐에 따라 아이의 마음은 열리기도, 닫히기도 한다. 그래서 지금 필요한 것은 리프레임(ReFrame)[1] 즉,

---

1) 리프레임(ReFrame)은 사고의 틀이나 관점을 바꾸는 것으로, 심리학 분야에서 사용되는 용어이다. 이 책에서는 아이의 문제를 고치려는 시선에서 부모 자신을 돌아보는 시선으로 전환하는 것을 의미한다.

사고의 전환 관점의 전환이다.

또한, 끈기보다 중요한 것은 '의미'라고 할 수 있다. 많은 부모가 이렇게 말한다. "조금 더 노력하면 된다.", "고3까지만 버텨라." 물론 열정적인 끈기의 힘인 그릿(Grit)은 소중한 가치가 있다. 그러나 현실의 아이들은 이미 과중한 학습 일정 속에서 지쳐 있다. 더 버티라는 말은 때로 위로가 아닌 부담으로 다가온다. 지금 필요한 것은 더욱 강하게 버티는 것이 아니라, 나만의 공부하는 이유와 의미를 찾는 것이다. '왜 이 공부를 해야 할까?', '이 일이 내 삶과 어떤 연관이 있을까?' 이러한 질문에 아이가 스스로 답할 수 있을 때, 그 배움은 의무가 아니라 자기 선택이 된다. 의미를 발견한 아이는 스스로 움직인다. 따라서 진정한 그릿은 외부의 자극이 아니라, 내면의 확신에서 나타난다.

더불어 고진감래(苦盡甘來)의 기존 프레임에서 벗어나야만 한다. 우리는 오랫동안 "고생 끝에 즐거움이 온다."라는 말을 믿으며 살아왔다. 즐거움은 미래에 있고, 지금은 참고 견뎌야 한다고 배웠다. 그러나 그 믿음은 이제 반은 맞고 반은 틀리다. 즐거움은 결과가 아니라 과정 안에서도 발견된다. 배움은 고통의 시간이 아니라 탐색의 시간이기 때문이다. 억지로 버티는 것보다 배우는 이유를 아는 것이 아이를 더 멀리 향하게 한다. 자신이 지금 하는 공부가 어떤 의미를 가질 때, 아이는 버티지 않아도 앞으로 나아가게 된다. 그래서 아이의 성장은 끈기가 아니라, 의미 중심의 여정이 되어야 하는 것이다.

"왜 우리 아이는 스스로 못할까?" 부모는 아이의 학습 태도를 보며 답답해한다. 하지만 그런 현상은 아이가 게을러서 그런 것이 아니다. 대부분의 원인은 자기 결정권의 부재인 경우가 많다. 늘 부모가 아이를 대신해서 준비하고, 결정하는 환경 속에서 아이는 '스스로 선택하고 책임지는 경험'을 배울 기회를 잃어버리게 된다. "빨리 해라.", "이제 그만." 등과 같은 행동 지시형 언어는 일시적으로 행동을 제어할 수 있지만, 아이의 주도성을 자라게 하지는 못한다. 반대로 "오늘은 어떤 생각을 했니?", "네가 정한다면 어디서부터 시작할래?"와 같은 질문은 아이를 학습의 주체로 세우게 한다. 즉, 아이의 생각을 묻는 대화가 아이 안에 할 수 있다는 믿음을 키우는 것이다.

말이 관계를 만들고, 그 관계가 아이의 태도를 바꾼다. 말은 관계를 형성하고, 사고를 결정짓는 힘이 된다. 예를 들어 "왜 그렇게밖에 못했니?"라는 말은 부족함을 각인시키지만, "오늘 여기까지 해낸 게 참 좋다."라는 말은 성장의 가능성을 열어주게 된다. 같은 상황에서도 부모가 어떤 말의 표현을 선택하느냐에 따라 아이는 자신을 '못하는 아이'로 보거나, '해낼 수 있는 아이'로 믿게 된다. 그래서 부모의 말은 아이의 태도와 감정 그리고 행동의 방향을 결정하는 중요한 역할을 한다. 다시 말해 부모의 지시는 아이의 행동을 바꿀수 있지만, 부모의 공감은 아이의 마음까지 움직이게 한다. 결국 아이의 공부는 관계에서 자라고, 그 관계는 언어에서 시작한다.

특히, 아이가 초등학교 과정에서 중학교 과정으로 이어지는 시기에 있어 부모의 언어는 결정적으로 중요하다. 아이의 현실은 학습량이 늘고, 친구 관계가 복잡해지고, 시험의 압박은 서서히 커진다. 이때 "빨리 공부 좀 해라."라는 말만 반복하면 아이는 숨이 막히게 된다. 대신 이렇게 물어보기를 추천한다. "요즘 뭐가 제일 힘드니?", "네가 바꾸고 싶은 건 뭐야?" 이러한 질문은 아이의 내면을 향하는 질문이다. 지시에서 질문으로, 통제에서 신뢰로 표현을 바꿔 보자. 지시는 행동을 이끌지만, 공감은 마음을 열기 때문이다. 부모의 언어 표현이 달라지면 자녀와의 관계가 달라지고, 관계가 달라지면 서로의 태도에 긍정적인 변화가 생긴다.

하나의 문장이 인생을 바꾼다.

오늘은 "공부해라."로 끝났어도 내일은 이렇게 물어보며 시작할 수 있다. "오늘은 어떤 하루였어?"라는 하나의 질문으로 아이의 마음이 열리고, 자존감을 세우게 되고, 배움의 동기를 일으키게 된다. 성장은 거창한 전략에서 오는 것이 아니다. 부모의 작은 표현 전환이 아이의 내일을 바꾼다. 부모의 말 한마디가 아이 인생의 방향을 정하게 되는 것이다. 이 책은 부모에게 완벽한 해답으로 부담을 주지 않는다. 다만 오늘부터 바로 실천할 수 있는 전환의 길을 제안한다. 지시에서 질문으로, 통제에서 신뢰로. 평가에서 공감으로, 지금 이 순간 부모의 말 한마디를 바꿈으로 아이의 내일이 바뀌는 결정적인 ReFrame의 순간을 말이다.

이 책은 그 길을 네 부분으로 나누어 안내한다.

1부 '스스로 공부하는 힘'에서는 집안의 분위기와 가족 간의 대화, 그리고 사교육의 똑똑한 활용 방법까지 살펴보며 부모의 말과 태도가 아이의 내적 동기를 어떻게 깨우고 공부의 방향을 세워주는지를 소개한다.

2부 '스스로 공부하는 길'에서는 숙제, 루틴, 스마트폰의 사용, 학습 목표 설정 등 일상의 구체적인 실행 전략을 통해 자기주도 학습을 아이가 실천해 가는 과정을 보여준다.

3부 '스스로 공부하는 말'에서는 질문과 칭찬, 자존감 언어가 어떻게 아이의 태도와 마음을 변화시키는지 다양한 대화 사례와 함께 제시한다.

4부 '스스로 공부하는 집'에서는 일상에서 부모가 바로 실천할 수 있는 작은 습관과 부모 점검 리스트 그리고 5단계 로드맵을 통해 구체적으로 아이의 변화를 이끌어가는 방법을 안내한다.

부모의 말 한마디가 아이의 인생을 바꾸는 결정적인 순간을 만들게 된다. 그리고 그 순간은 지금 부모의 입술에서부터 시작이 된다.

"부모의 언어가 아이의 인생을 바꾸는 결정적 순간을 만든다."

목차

2부. 스스로 공부하는 길:
습관과 실행 전략으로 이어가는 자기주도 학습

4부. 스스로 공부하는 집:
가정이 곧 최고의 학습 코칭 공간

1부

스스로 공부하는 힘

아이의 내적 동기를 끌어내는 출발점

아이의 공부는 부모의 언어와 태도에서 시작된다. "공부해라."
라는 말은 사랑에서 비롯되지만, 아이의 마음에는 압박으로 들
린다. 부모는 동기를 주었다고 믿지만, 아이는 마음의 문을 닫
는다. 외적동기는 단기적 자극일 뿐이며, 내적 동기가 자라야
진정한 학습이 시작된다.

시험이 가까워지면 부모의 말 한마디가 아이를 움직일 수 있다.
그러나 그 긴장은 잠시뿐이다. 시험이 끝나면 긴장도 풀리고,
다시 원래의 습관으로 돌아간다. 반면 내적 동기를 가진 아이는
스스로 준비하고, 결과보다 과정을 즐긴다. 실패해도 다시 일어
나며, 배움 자체에서 의미를 찾는다.

부모가 줄 수 있는 최고의 선물은 아이의 내적 동기를 스스로 발
견하게 하는 것이다. 그 시작점은 가정이다. 가정이 안전할 때
아이는 도전할 힘을 얻는다. 밥상머리에서 오가는 대화, 부모가
건네는 따뜻한 질문, 아이의 마음을 존중하는 태도는 모두 내적
동기를 자라게 하는 중요한 요소이다. 반대로 지시와 비교, 통제
로 가득한 대화는 아이의 숨이 막히게 한다. 가정은 공부를 강요
하는 곳이 아니라, 공부할 힘을 회복하는 곳이어야 한다.

이제 부모는 선택해야 한다.

잠시 아이를 움직일 외적동기를 제공할 것인가? 아니면 아이를
스스로 공부하게 하는 내적 동기를 발견하게 할 것인가?

1장
밥상머리가
사라진 집

한때는 가정마다 저녁에 가족이 모여 앉아 같이 음식을 나누며 하루의 이야기를 주고받던 모습이 흔했다. 그러나 오늘날 그 모습은 보기 어려워졌다. 가정마다 식탁은 여전히 있지만, 그 자리가 비어 있거나, 혹은 스마트폰을 들여다보며 각자 다른 세상 속에서 밥을 먹는 것이 더 익숙해졌다. 부모와 아이가 한 식탁에 앉아 있어도 눈빛을 마주하지 않는다. 대화는 짧아지고, 결국 남는 것은 공허함뿐이다. 밥상머리는 사라졌고, 그 빈자리를 채운 것은 침묵과 대화 단절이었다.

그렇다고 해서 이 변화를 단순히 '가족의 해체'라고 단정할 필요는 없다. 여기서 필요한 것은 바로 생각의 전환인 리프레임(ReFrame)이다. 밥상머리가 사라진 현실을 '이젠 끝났다'라고 보는 대신, 오히려 '다시 시작할 기회'라고 관점을 전환해서 본다면 이야기는 달라진다. 밥상머리는 단순히 식사만을 해결하는 공간이 아니다. 그곳은 가족 간의 대화가 자라는 곳이고, 서로의 존재를 확인하는 장이며, 아이에게는 소속감을 배우는 학교인 것이다. 아이가 나는 이 집에 소속해 있다는 생각을 밥상머리에서 얻을 때, 그 소속감은 곧 학습의 동기로 이어진다.

밥상머리가 사라진 이유, 그리고 다시 보는 시선

오늘날 밥상머리가 사라진 이유는 다양하다. 맞벌이 부모는 시간에 쫓겨 저녁을 함께하기 어렵고, 아이들은 학원 수업 일정에 갇혀 집에 머무는 시간이 줄었다. 어쩌다 집에 함께 있다고 해도 식탁에는 늘 스마트폰이 올라와 있다. 부모는 피곤해서 말 한마디 건네기 힘들고, 아이는 짧은 영상과 메시지에 더 익숙하기만 하다. 하루가 끝나고 나면 "오늘 하루 어땠니?"라는 질문조차 오가지 못한 채 하루가 스쳐 지나가게 된다.

하지만 여기에서 시선을 조금 바꾸어보자. 밥상머리가 사라진 것이 끝이 아니라, 다시 회복할 수 있는 시작점이라고 생각하면 어떨까? '함께할 시간이 없구나'라는 부족함의 프레임을 '짧은 순간이라도 함께할 기회구나'라는 가능성의 프레임으로 생각을 전환하는 것이다.

두 집의 다른 풍경

중학교 2학년 남학생 현수는 자신의 방에서 늘 혼자 밥을 먹는다. 부모님은 늦게 귀가하시고, 어쩌다 함께 저녁을 먹는 날에는 아이의 학교 성적이 밥상에서 화제로 올라온다. "이번 시험은 왜 이 점수야?"라는 질문이 식탁의 분위기를 싸늘하게 만든다. 현수는 말이 없어지고, 결국에는 대답 대신 침묵을 선택한다. 밥상머리는 존재했지만, 대화는 없었다. 식탁은 안식처가 아니라 아이를 냉정하게 점수로 평가하는 자리가 되어버렸다.

반면, 같은 또래 여학생 민지네 집은 달랐다. 매일 저녁 가족이 한자리에 모였다. 식탁에서는 학교 성적보다 하루 있었던 일을 먼저 나누었다. "오늘 웃긴 일이 있었어.", "친구랑 싸웠어.", "지은이한테 3반 남자애가 고백했어." 등과 같은 작은 이야기들이 오갔고, 부모는 "그랬구나."라고 호응하며 귀를 기울였다. 이후에 자연스럽게 공부 이야기도 뒤따랐지만, 아이의 학교 성적 이야기는 서두르며 언급하지는 않았다. 민지는 "오늘 수학 문제는 좀 어려웠어."라고 털어놓았고, 부모는 "그럼 내일은 어떻게 풀어보면 좋을 것 같아?"라고 되물었다. 그 순간 대화는 잔소리가 아니라 응원이 되었고, 민지는 안정감을 느꼈다. 같은 저녁 식탁이었지만, 한쪽은 마음이 닫힌 공간이 되었고 다른 한쪽은 열린 대화의 장이 되었다.

밥상머리와 공부 정서 그리고 학습

밥상머리 대화는 단순히 가족의 안부만을 나누는 자리가 아니다. 부모와 마주 앉아 음식을 나누는 그 순간, 아이는 자신이 소중한 존재라는 메시지를 온몸으로 받는다. "나는 혼자가 아니구나."라는 소속감은 불안을 줄이고 마음을 편안하게 만든다. 편안한 마음은 곧 집중력을 높이고, 집중은 학습 태도 형성의 기반이 된다. 시험 기간에도 흔들리지 않고 자신의 학습 리듬을 지킬수 있는 힘은 정서적 안정에서 시작된다. 아이에게는 가정의 밥상머리가 곧 정서적 안전망인 것이다. 아이의 공부 정서는 안정적으로 형성된 것이다.

목표 달성 실패에도 쉽게 무너지지 않는 아이들의 특징을 보면 그 멘탈의 배경에는 언제나 안전하게 숨 쉴수 있는 '가정의 울타리'가 있었다. 아이가 집에서 마음을 회복할 수 있어야 다시 학교에서 도전할 힘이 생기는 것이다. 밥상머리는 단순한 식사 자리가 아니라, 아이가 회복하고 다시 도전할 힘을 얻는 에너지의 근원이 된다는 것을 잊지 말아야 한다.

생각의 전환

밥상머리가 사라졌다고 해서 가족의 대화가 끝난 것은 아니다. 여기서 필요한 것은 프레임의 전환이다. '시간이 없다'라는 부족함의 프레임을 '시간이 짧아도 기회가 된다'라는 가능성의 프레임으로 변화를 주는 것이다. 부모가 대화를 자녀 통제의 수단으로 생각하지 않고 아이와의 연결고리로 전환해서 바라볼 때, 밥상머리는 아이의 공부 정서와 학습 태도를 지탱하는 바탕이 된다.

짧은 질문 하나, 함께한 식사 한 끼가 아이의 마음을 열고 자기주도 학습의 불씨를 지핀다. 밥상머리를 회복하는 일은 학교 성적을 올리기만을 위한 전략이 아니다. 그것은 가족이 서로를 알아가는 과정이며, 부모와 아이가 서로의 마음을 이해하는 시간이다. 부모는 아이에게 배우고, 아이는 부모에게 배운다. 그 자리는 부모의 오래된 경험과 지식을 전수하는 것이 아니라 가족 간의 온기가 흐르고, 점검이나 판단이 아니라 존중이 흐르는 것이다.

밥상머리는 아이가 소속감을 느끼는 자리이고, 부모가 아이의 마음을 발견하는 자리이다. 더불어 밥상머리는 부모의 사랑을 알아가는 자리가 된다. 아이가 그 자리에서 경험하는 사랑은 자신의 삶을 지탱하는 힘이 되고, 스스로 학습을 가능하게 하는 에너지가 된다. 부모가 밥상머리를 다시 세울 때 아이의 눈빛은 달라지고, 그 눈빛은 곧 아이의 내일을 바꾼다.

2장
"왜 공부 안 해?" 대신
"무슨 생각 하니?"

부모의 말 한마디가 아이에게는 때로는 칼날 같고, 때로는 담요처럼 따뜻하게 감싸주기도 한다. 아이를 향해 무심코 던진 "왜 공부 안 해?"라는 질문은 부모의 사랑에서 비롯된 것이지만, 아이의 귀에는 비난처럼 들리기도 한다. 부모는 관심을 표현했다고 생각하지만, 아이는 간섭으로 받아들인다.

여기서 필요한 것이 바로 관점의 전환이다. "왜 공부 안 해?"라는 말은 아이의 부족함을 전제로 하지만, "무슨 생각 하니?"라는 질문은 아이의 가능성을 전제로 한다. 언어의 초점이 결핍에서 가능성으로 옮겨가는 순간 아이의 마음은 닫히는 대신 열린다.

닫힌 질문과 열린 질문

닫힌 질문은 부모가 대화를 주도하려는 방식이라고 할 수 있다. "숙제 다 했니?", "시험 준비는 끝났어?" 같은 질문은 '예, 아니오'로 답할 수밖에 없고, 대화는 단조롭게 된다. 아이는 점검을 당하는 기분을 느끼게 된다.

반면 열린 질문은 아이를 자기의 세계로 초대한다. "오늘은 어떤 생각을 많이 했니?", "무엇이 가장 즐거웠니?" 같은 질문은 아이로 하여금 스스로 하루를 정리하게 만들고, 부모에게는 아이의 내면을 엿볼 기회를 제공한다. 대화가 길어지고, 관계는 따뜻해진다.

열린 질문은 단순히 아이가 말을 많이 하게 만드는 기술이 아니다. 그 속에는 아이를 존중하는 시선이 담겨 있는 것이다. 부모가 일방적인 대화의 주도권을 내려놓을 때, 아이는 자기의 이야기를 비로소 시작한다. 그 순간 아이는 "나는 중요한 사람이구나."라는 감정을 경험한다. 이 확신은 정서적 안정으로 이어지고, 그 안정감은 학습 동기의 근원이 된다.

많은 부모가 아이가 책상 앞에 앉지 않는 모습을 보면 불안해한다. "저러다 뒤처지면 어떡하지?"라는 마음이 앞서면서 "은정아, 왜 공부 안 해?"라는 말이 반사적으로 튀어나온다. 그러나 그 순간 아이는 부모의 실망을 읽고 마음의 문을 닫는다. 그것은 아이가 게으른 것이 아니라, 비난받을지 몰라 두려워서 자기방어를 선택한 것이다. 아이는 부모의 관심을 원한다. 닫힌 질문은 아이를 방어하게 하지만, 열린 질문은 아이를 표현하게 만든다. "무슨 생각 하니?"라는 물음은 아이의 내면을 여는 열쇠이다. 부모의 언어가 바뀌는 순간, 아이는 부모 곁으로 한 발 더 다가오게 된다.

대화의 장면들

① 닫힌 질문 상황

부모: 숙제 다 했니?

아이: 아직.

부모: 왜 아직 안 했어?

아이: 그냥요.

부모: 또 핑계 대는 거 아니니? 공부 좀 해라.

결과: 대화는 간단하게 끝났고, 마음의 문은 닫힌다.

② 열린 질문 상황

부모: 오늘은 무슨 생각을 했니?

아이: 수학 문제 풀다가 너무 어려워서 고민했어.

부모: 어떤 문제였어?

아이: 분수랑 소수 계산이 자꾸 헷갈렸어. 앞에서부터 다시 풀어봐야겠어.

부모: 네가 스스로 방법을 찾아 보려는 게 참 멋지다.

결과: 대화는 이어지고, 아이는 자기 경험을 정리하며 부모의 격려를 받는다.

③ 일상의 대화 확장

부모: 오늘 가장 즐거웠던 일은 뭐였니?

아이: 체육 시간에 농구했을 때요.

부모: 어떤 점이 가장 좋았어?

아이: 친구들이랑 같이 뛰니까 기분이 좋았어요.

부모: 네가 즐겁게 뛴 모습이 상상이 된다. 보기 좋았겠다.

결과: 공부와 무관한 대화라도, 정서적 안정이 생기고 마음이 열린다.

열린 질문은 부모가 쓸 수 있는 가장 따뜻한 도구다.

"오늘 가장 즐거웠던 일은 뭐였니?"

"오늘 가장 힘들었던 순간은 뭐였니?"

"오늘 누구에게 고마웠니?"

"오늘 새롭게 배운 건 뭐였니?"

"내일 가장 기대되는 건 뭐니?"

이러한 질문들은 단순히 대화를 이어가기만을 위한 장치가 아니다. 아이로 하여금 하루를 돌아보게 하고, 하루를 스스로 정리하게 한다. 부모는 아이의 이야기를 들으며 그 마음을 이해하게 된다. 그 순간의 대화는 상황 점검이 아니라 아이와의 연결고리가 된다. 열린 질문을 시작으로 아이의 대답을 경청하는 부모의 모습은 매우 중요하다. 잘 듣지 않고 부모가 하고 싶은 말을 이어서 하게 된다면 열린 질문을 시도해도 대화가 이어지기 어렵게 된다.

부모에게 전하고 싶은 제안은 단순하다. 닫힌 질문에서 열린 질문으로, 점검하는 모습에서 대화의 모습으로 전환해 보자. 처음엔 어색하겠지만, 반복될수록 자연스러워질 것이다. 작은 언어의 전환이 관계의 흐름을 바꾼다. 대화는 성적을 확인하기 위한 절차가 아니라, 부모와 아이가 서로를 지켜내는 토대이다. 부모의 말이 바뀌면 아이의 마음이 열리고, 마음이 열리면 공부는 자연스럽게 따라오게 되어있다.

3장
집이 숨 막히는
진정한 이유

권위적 프레임이 만드는 무거움

많은 부모는 말한다. "우리 집은 아무 문제가 없어요." 겉으로는 다툼이 적고, 조용한 집이니까 그렇다고 말할 수 있겠다. 그러나 보이는 모습이 고요하다고 아이의 속마음까지 평온한 것은 아닐 것이다. 부모의 통제와 지시, 비교하는 태도가 생활의 기본이 된 집은 눈에 보이지 않는 긴장감을 품고 있다. 부모는 아이를 위한다고 생각하지만, "공부해라.", "당장 책상 앞에 앉아라."와 같은 말이 반복된다면 아이는 자기 삶을 스스로 결정할 힘을 잃게 된다. 비교의 말은 더 상처가 깊게 남는다.

"네 친구는 벌써 다 끝냈다는데 너는 왜 아직도 이러고 있니?"라는 말은 단순한 자극이 아니다. 이 모든 언어는 아이에게 통제의 프레임을 씌우게 된다. 그 속에서 아이는 늘 평가받고, 늘 부족한 존재로 남게 된다. 집은 안식처가 아니라 평가의 장이 되어 버린 것이다.

아이가 회피하는 심리적 프레임

아이는 이런 공간에서 정면으로 부모에게 맞서기보다는 회피하게 된다. 짧은 대답, "몰라요.", "했어요."로 끝내거나 방으로 들어가 문을 닫는다. 스마트폰과 게임은 회피의 도구가 된다. 부모는 아이의 이런 모습을 보고 '아이가 게으르다'라고 상황을 해석하겠지만, 사실 아이는 '어차피 혼날 것' 프레임 속에서 자신을 지키려고 하는 방어기제 행동인 것이다. 점검과 비교 그리고 평가가 쏟아지는 자리라면 대화 자체가 두려워지게 된다. 그래서 가정에서 침묵이 늘어나고, 결국 부모와 아이의 관계는 멀어지게 된다. 아이의 마음은 부모를 원하면서도 동시에 두려워하게 된다. 이 모순된 감정이 바로 회피로 드러나는 모습인 것이다.

숨 막히는 집과 숨 쉬는 집

중학교 3학년 남학생 상준이네 집안 분위기는 늘 부모의 지시와 친척의 자녀와 비교로 가득했다. 아버지는 "너는 왜 이렇게 집중을 못 하니?"라고 묻고, 어머니는 "네 사촌은 벌써 학교 성적이 올랐다는데 너는 뭐하니?"라고 말했다. 아이는 대답을 피했다. "몰라."라는 말만 반복하다가 결국에는 방문을 닫고 혼자가 되었다. 공부는 더 하기가 싫어졌다. 학교 성적은 점점 떨어졌다. 부모는 아이의 사춘기 탓이라고 여겼지만, 사실은 반복된 '통제의 프레임' 때문에 아이는 숨 막히는 집을 경험하고 있는 것이었다.

반대로 상준이와 또래인 재인이네는 부모가 가진 기존의 프레임을 바꾸었다. 이 집도 처음엔 똑같았다. 매일 "공부해라."라는 말이 반복되었고, 아이는 방으로 달아났다. 그러나 부모가 질문을 바꿨다. 저녁 식탁에서 이렇게 물었다. "오늘은 뭐가 제일 즐거웠니?" 아이는 처음에 "딱히 없어요."라고 대답했지만, 부모는 더 묻지 않고 "그랬구나."라고만 했다. 며칠 후, "오늘은 뭐가 힘들었니?"라는 질문에 아이는 "수학 시험에서 실수했어요."라고 답했다. 부모는 "속상했겠다."라고 먼저 공감해 주었다. 그 순간 아이는 시험 이야기를 스스로 꺼냈다.

아이는 부모와 나누는 대화의 내용이 자기를 점검하는 것이 아니라 탐색하는 것이 되자 부모에게 마음을 열게 된다. 부모는 "어떤 문제에서 실수했니?", "다시 풀면 어떻게 하면 좋을까?"라고 물었고, 아이는 자기 생각을 정리해서 말했다. '통제의 프레임'이 '탐색의 프레임'으로 전환되자, 집은 숨 쉬는 공간으로 변하게 되었다.

숨 막히는 집

부모: 숙제 다 했니?

아이: 아직이요.

부모: 왜 아직 안 했어?

아이: 그냥요.

부모: 언제까지 이렇게 게으를 거야?

아이: …. (침묵하며 방으로 들어간다.)

결과: 대화는 끊긴다. 아이는 자신을 방어하고, 부모는 그 모습이 답답하다.

숨 쉬는 집 (프레임 전환)

부모: 오늘은 뭐가 제일 즐거웠니?

아이: 체육 시간에 농구했을 때요.

부모: 친구들이랑 같이 뛰니까 좋았겠다.

아이: 네, 같이 웃으면서 하니까 기분이 좋았어요.

부모: 네가 즐겁게 뛴 덕분에 에너지가 생겼겠다. 혹시 오늘 수업 중에 기억에 남는 게 있었니?

아이: 국어 시간에 토론했을 때 재미있었어요.

부모: 토론 주제는 뭐였는지 기억나니?

아이: 정부가 인터넷을 통제해야 하는지에 대한 내용이었어요. 친구들이랑 자료 조사한 부분을 어제저녁에 내용 정리해서 준비해 갔더니 도움이 되었어요.

부모: 흥미로운 주제구나. 네 생각을 말한 게 멋지구나. 공부할 때도 그렇게 정리하는 방식이 도움이 될 것 같지 않니?

아이: 네, 암기과목은 그렇게 해볼래요.

결과: 일상 대화가 자연스럽게 학습 이야기로 이어진다. 아이는 압박이 아니라 존중 속에서 공부에 집중할 멘탈을 장착하게 된다.

ReFrame 전략 1 **말 한마디의 전환**

① 지시 대신 질문으로:

"숙제는 다 했니?" ➡ "오늘은 어떤 생각을 했니?"

② 비교 대신 인정으로:

"친구는 다 했는데 넌 왜 아직도야?" ➡ "네가 시도한 게 참 좋다."

③ 압박 대신 휴식 존중으로:

"왜 아직도 놀고 있어?" ➡ "쉬고 있구나."

④ 평가 대신 공감으로:

"왜 틀렸어?" ➡ "속상했겠다."

⑤ 결과 대신 과정으로:

"이번에도 점수가 왜 이래?" ➡ "이번엔 어떤 방법으로 준비했어?"

⑥ 지적 대신 탐색으로

"맨날 똑같이 실수하네." ➡ "이번엔 어떤 부분이 어려웠어?"

⑦ 부정 대신 가능성으로

"너는 왜 매번 못 지켜?" ➡ "다음엔 어떻게 하면 더 잘 지킬 수 있을까?"

⑧ 통제 대신 자율로

"지금 당장 시작해." ➡ "네가 정한 시간은 언제야?"

⑨ 무시 대신 경청으로

"그건 별거 아니야." ➡ "그 일이 너한테 어떤 의미였어?"

⑩ 조급함 대신 신뢰로

"언제쯤 정신 차릴래?" ➡ "조금씩 나아지고 있지?"

4장
사교육을 똑똑하게
사용하는 방법

부모의 마음속 불안을
가장 직접적으로 드러내는 영역

부모는 주변에서 "우리 아이는 영어학원, 수학학원, 코딩학원, 토론학원까지 다닌다."라는 말을 들으면 마음이 흔들린다. 뒤처지면 안 된다는 압박감과 불안이 밀려오는 것을 느낀다. 그래서 무심코 따라서 선택하게 된다. 내 아이의 상태를 깊이 살피기보다 남들과의 비교 속에서 고민하지 않고 빠른 결정을 내리게 된다.

그러나 사교육을 바라보는 프레임을 바꾸면 이야기는 달라진다. 사교육은 더 이상 경쟁의 무기로 쓰이는 것이 아니라, 아이의 학습 경험을 확장하는 기회로 만들어 주는 것이 된다. 사교육은 부모의 불안을 줄이는 수단이 아니라, 아이의 강점을 발견하고 약점을 균형 있게 보완하는 현명한 도구가 될 수 있는 것이다. 핵심은 '얼마나 많은 사교육을 받고 있나?'가 아니라 '어떤 프레임으로 사교육을 바라보는가?'라고 생각해야 한다.

비교의 프레임을 버리고, 맞춤의 프레임으로

많은 부모가 사교육을 선택할 때 비교의 프레임에 갇혀 있는 모습을 보게 된다. 다른 아이가 어느 학원에 다니니까, 친구 엄마가 추천했으니까 하는 이유로 내 아이를 위한 결정을 내린다. 그러나 이런 선택은 그 효과가 오래가지 않는다. 얼마 지나지 않아서 아이는 학습에서 자기 속도를 잃어버리고, 부모는 불필요한 지출로 지치게 된다.

관점을 바꿔서 바라보면 사교육은 비교의 대상이 아니라 아이의 성향을 들여다보는 거울이 될 수 있다. 집중력이 약한 아이에게는 짧게 반복적인 내용 이해의 수업을 하는 클래스가 필요할 수 있고, 개념 이해를 잘하는 아이에게는 문제에 적용하는 탐구할 시간을 주는 학습 방법이 더 적합할 수 있다. 내 아이를 다른 아이와 비교하는 순간 흐려지는 것은 내 아이의 고유한 학습 리듬이다. 맞춤의 프레임으로 전환해서 바라볼 때 사교육은 '남 따라가기'가 아니라 '내 아이에게 맞는 선택'이 되는 것이다.

주인공은 아이, 사교육은 조연

사교육을 주인공 자리에 올려놓는 순간, 아이는 조연으로 밀려난다.

"학원에서 다 가르쳐주니까 너는 그냥 따라가기만 해."라는 메시지는 매우 위험한 것이다. 왜냐하면 아이의 진정한 공부는 학원 강사가 대신해 줄 수 없기 때문이다. 사교육은 언제나 조연이어야 한다. 그리고 아이가 주인공이 되어야 한다.

"이 학원이 아이의 자기주도 학습을 돕는 곳인가? 아니면 학원 주도인 곳인가?" 좋은 사교육은 아이가 스스로 공부할 때 길을 열어주는 조력자 역할을 잘 수행해야 한다. 학원에서 배운 내용을 집에서 복습하며 자기 루틴(routine)을 만들어가는 경우, 사교육은 아이의 성장 촉매제가 된다. 반대로 집에서는 아무 노력 없이 숙제만 하고, 학원 수업만 따라가고 있다면, 사교육은 오히려 자기주도 학습의 힘을 잃게 만드는 전혀 도움이 안

되는 도구가 될 뿐이다.

두 집의 다른 선택

중학교 1학년 진만이네는 비교와 불안의 프레임에 머물러 있는 분위기가 보였다. 왜냐하면 아이의 사교육을 마치 보험을 드는 것처럼 이것, 저것으로 진행하고 있기 때문이다. 진만이의 학원 시간표가 빽빽해서 아이는 하루 종일 이 학원, 저 학원을 옮겨 다닌다. 진만이는 "나는 늘 친구들보다 늦어지고 있다."라는 불안에 사로잡히게 되었고, 공부는 지겨운 의무가 되어 버린 모습이었다. 평가한 과목의 성적이 조금만 떨어져도 부모와 갈등이 발생한다. 결국 사교육은 불안을 더 키우는 도구가 되었다.

반대로 또래인 하은이네 집에서는 맞춤의 프레임으로 전환하여 사교육을 선택하였다. 부모는 먼저 하은이에게 물어본다. "너는 어떤 공부가 재미있니? 어느 단원에서 도움이 필요하니?" 하은이의 대답은 단순했다. "수학 개념은 혼자 할 수 있는데, 문제 적용은 어려워요." 부모는 아이의 말에 귀 기울인다. 그래서 단계별 문제 풀이 수업을 진행하는 학원만 선택하였다. 그리고 집에서는 하은이가 스스로 공부한 개념을 문제 해결에 적용하는 복습을 병행하도록 하였다. 이처럼 학원은 '조연', 집은 '무대', 아이는 '주인공'이 되었다. 아이는 자신이 학습의 중심에 있다는 확신을 얻었고, 사교육은 그 확신을 지원하는 보조 장치가 되었다.

사교육 선택의 질문

사교육을 선택할 때 부모가 스스로 확인할 질문은 단순하다.

- 이 수업은 우리 아이의 강점을 더 살리는가?
- 사교육이 끝난 후, 아이가 스스로 학습을 이어갈 수 있는가?
- 사교육이 우리 아이의 생활 리듬과 정서에 맞는가?
- 부모의 불안을 덜어주기 위한 선택은 아닌가?

이러한 질문을 통해 사교육의 자리를 재배치할 수 있다. 불안을 줄이는 비용이 아니라, 아이의 학습 여정을 확장하는 투자로 바라보는 것이다. 사교육은 아이가 필요할 때 선택할 수 있는 하나의 선택지일 뿐, 교육 방식의 전부가 아니기 때문이다. 내 아이의 자기주도 학습을 위한 루틴과 습관, 부모와의 대화, 그리고 아이를 향한 응원과 지지가 먼저 세워져야 한다. 그 위에 사교육이 올라가게 되면 시너지가 발생한다. 그러나 이러한 기초 없이 사교육만 쌓으면 아이는 흔들리기 마련이다. 비교의 프레임 속에서 사교육은 점점 짐이 되지만, 맞춤의 프레임 속 사교육은 점점 날개가 되어간다.

사교육은 부모의 사랑이 다른 모습으로 드러난 것으로 볼 수 있다. 그러나 아이를 향한 그 사랑이 불안과 비교의 프레임 안에서 쓰이면 아이는 무거운 짐을 지게 된다. 하지만 아이의 속도와 성향을 존중하는 프레임 안에서 쓰일 때, 사교육은 날개가 된다. 날개는 아이가 스스로 날아오를 수 있을 때 의미가 있다. 부모가 할 일은 날개를 대신 달아주는 것이 아니라, 아이가 자기 힘으로 날아오를 수 있도록 도와주고 응원하며 지켜보는 것이다.

> "사교육을 바라보는 프레임을 바꿔라. 남의 속도가 아니라 아이의 속도를 따라가라."

① 밥상머리 대화

하루 한 끼라도 가족이 함께 모여 식사하는 시간이 있다.

[　]

식탁에서는 스마트폰이나 TV를 끄고 대화에 집중한다.

[　]

아이에게 "오늘 뭐가 즐거웠니?", "오늘 힘들었던 건 뭐니?" 같은 열린 질문을 한다. [　]

아이의 대답을 먼저 평가하지 않고 "그랬구나."라고 공감해 준다. [　]

밥상머리에서 아이가 가족의 소속감과 안정감을 느낀다.

[　]

② 부모의 언어 사용

"왜 공부 안 해?" 대신 "무슨 생각을 했니?" 같은 열린 질문을 사용한다. [　]

아이가 스스로 말할 수 있도록 잠시 기다려준다. [　]

대화를 점검이나 통제가 아닌, 아이의 마음을 이해하는 시간으로 삼는다. [　]

짧은 대답이라도 아이를 존중하며 대화를 이어가려 노

력한다.   [ ]
아이가 부모와의 대화를 피하지 않고, 오히려 이어가려
한다.   [ ]

③ 가정의 분위기

집이 통제, 지시, 비교가 중심이 되지 않고, 안전하고 편
안한 공간이다.   [ ]
아이가 공부하지 않을 때도 "쉬고 있구나."라고 인정해
줄 수 있다.   [ ]
다른 아이와 비교하지 않고, 아이의 고유한 속도를 존중
한다.   [ ]
집에서 부모와 대화하는 시간이 즐겁고 자연스럽다.

                                                       [ ]
아이가 부모의 눈치를 보지 않고, 집에서 숨을 고를 수
있다.   [ ]

④ 사교육 활용

사교육을 부모의 불안 때문에 선택하지 않았다.   [ ]
사교육은 남과의 비교가 아니라, 아이의 성향과 목표에

맞게 선택했다. [ ]

사교육은 조연이고 아이가 주인공임을 기억한다. [ ]

아이의 학습 습관 수준에 맞게 강도를 조절한다. [ ]

단기 학교 성적 향상뿐 아니라 장기적 역량의 성장을 고려한다. [ ]

사교육 이후에도 자기주도 학습으로 연결하는 계획이 있다. [ ]

⑤ 부모의 마음가짐

"공부해라."라는 말 대신, 아이의 하루와 생각을 묻는 대화를 한다. [ ]

결과보다 중간 과정을 칭찬한다. [ ]

아이의 눈빛이 점점 살아나는지, 아니면 흐려지는지를 관찰한다. [ ]

집은 학교 성적을 평가하는 공간이 아니라, 아이가 회복하는 공간임을 기억한다. [ ]

부모 자신도 완벽할 필요는 없고, 작은 변화가 큰 힘이 된다는 것을 믿는다. [ ]

[활용 방법]

- 한 번에 다 지키려 하지 말고, 오늘부터 한 항목씩 실천한다.
- 체크박스에 표시하고, 메모 공간에 아이의 반응이나 느낀 점을 기록한다.
- 작은 변화가 쌓이면 아이의 눈빛과 태도는 달라진다.
- 부모가 프레임을 바꾸면, 아이의 내적 동기는 자연스럽게 살아난다.

2부
스스로
공부하는 길

습관과
실행 전략으로
이어가는
자기주도 학습

아이의 공부 습관은 하루아침에 만들어지지 않는다. 큰 결심을 한다고 해서 다음 날 바로 달라지지는 않는다. 공부는 거대한 결심이 아니라, 작고 꾸준한 루틴이 쌓여서 강력한 힘이 되는 여정이다. 부모는 종종 아이의 학교 성적을 보며 불안을 느낀다. 그래서 단기간의 성과를 기대하고, 더 많은 학원, 더 많은 숙제를 통해 불안한 마음을 달래려 한다. 그러나 학교 성적은 단기 집중이 아니라 오랜 기간에 형성된 공부 습관이 만들어내는 결과이다. 공부 습관은 부모의 지시나 점검으로 만들어지지 않는다. 부모의 시선이 점수 결과에서 준비 과정으로 옮겨질 때, 아이의 성장은 비로소 시작된다.

부모는 아이의 공부를 확인하고 싶어 한다. 그래서 무심코 묻는다. "오늘 공부했니?" 그러나 이 질문은 점검에 가까워서 아이는 평가받는 느낌을 받는다. 이럴 때 필요한 것이 바로 ReFrame, 관점의 전환이다. "오늘은 어떤 루틴을 만들어봤니?", "오늘 스스로 뿌듯했던 순간은 언제였어?" 이렇게 묻는 순간, 대화의 방향이 달라진다. 점검의 언어가 아닌 탐색의 언어, 통제가 아닌 신뢰의 언어로 바뀌는 것이다. 질문은 아이를 '감시의 대상'에서

'성장의 주체'로 세운다.

습관은 스스로 정한 질서 속에서 자란다. 누군가 대신 정해준 계획표보다, 아이가 직접 세운 작은 루틴이 효과적으로 훨씬 오래간다. 더불어 아이 스스로 세운 계획을 존중받는 경험이 쌓일 때, 자기 주도성은 뿌리내린다. 부모의 역할은 완벽한 설계자가 아니라, 함께 걷는 동행자다. 필요할 때 질문하고, 묵묵히 기다려주며, 넘어졌을 때 다시 일어설 수 있도록 곁을 지켜주는 사람이다.

이제 부모가 시선을 바꿔야 한다. 불안에서 신뢰로, 점검에서 질문으로, 통제에서 동행으로. 이 세 가지 전환이 이루어질 때, 아이는 스스로 배우는 힘을 기르게 된다. 좋은 습관은 명령으로 심어지지 않는다. 작은 시도와 반복, 그리고 존중 속에서 자연스럽게 자라난다.

이 책의 2부는 아이가 스스로 공부하는 길을 열기 위한 습관과 실행 전략을 담았다. 공부는 특별한 재능이 아니라, 일상의 흐름 속에서 만들어지는 하나의 태도인 것이다. 작은 루틴을 세우고, 방해 요인을 다스리고, 스스로 조절하며, 의미 있는 목표를 세우는 과정이 아이의 자기 주도성을 길러낸다. 부모는 그 길 위에서 방향을 정해주는 나침반이 아니라, 옆에서 함께 걸으며 질문하는 안내자다.

"오늘 너는 어떤 노력을 해봤니?"

"스스로 가장 잘한 점은 뭐라고 생각 하니?"

이런 질문이 아이의 내면을 깨우고, 공부를 '시키는 일'에서 '스스로 이루는 일'로 바꾼다. 습관은 하루를 바꾸고, 하루는 인생을 바꾼다. 작은 루틴에서 시작된 변화가, 결국 아이의 평생 학습력을 만든다. 이제 부모의 역할은 결과를 점검하는 감독이 아니라, 변화를 함께 바라보는 동행이다. 오늘 저녁, 아이에게 이렇게 물어보자. 질문 하나가 아이의 공부를 바꾸는 첫걸음이 된다.

"오늘은 어떤 습관을 시도해 보았니?"

1장
숙제 전쟁의
끝

숙제를 바라보는 시선의 전환

많은 가정에서 아이의 숙제는 저녁마다 반복되는 갈등의 씨앗이 된다. "숙제는 다 했니?"라는 부모의 물음과 "조금만 쉬고 할게요."라는 아이의 대답이 부딪히면서 하루의 마무리는 긴장으로 흘러간다. 부모는 아이가 미루는 모습에 답답함을 느끼고, 아이는 지적받는 상황이 부담스러워 방으로 숨어버린다. 결과적으로 숙제는 학습의 도구가 아니라 갈등의 상징으로 변해버린다.

그러나 숙제를 '점검해야 할 과제'가 아닌 '습관을 세우는 기회'로 바라보면 이야기는 달라진다. 숙제는 공부를 강요하는 도구가 아니라 아이의 자기 관리력을 기르는 도구가 된다. 아이가 숙제를 미루는 이유는 단순히 게을러서가 아니다. 숙제를 언제 시작하면 좋을지, 숙제를 다 하는 데 시간이 얼마나 걸릴지 아이만의 감이 없기 때문이다. 더구나 명확한 실천의 기준이 없으니, 실행력이 떨어지고 미루는 것이 습관이 되는 것이다.

이때 필요한 것이 바로 작은 루틴이다. 같은 시간, 같은 장소에서 숙제를 시작하는 반복된 패턴은 아이의 뇌에 공부의 신호를 심어준다. 처음에는 힘들지만, 일정한 리듬이 자리 잡으면 더 이상 '숙제를 언제 시작할까'를 고민하지 않아도 된다. 공부는 결심이 아니라 루틴이 만들게 된다. 이 작은 시작이 아이의 하루를 안정시키고, 학습에 대한 부담을 줄여주는 첫걸음이 되는 것이다.

루틴이 주는 예측 가능성과 심리적 안정감

루틴은 단순히 일정표를 반복하는 데서 오는 것이 아니다. 예측이 가능한 하루를 만들면서 형성되는 일종의 안전장치이다. 아이는 불확실할 때 불안을 느낀다. "오늘은 몇 시에 숙제를 시작할까?", "언제 끝낼 수 있을까?"를 고민하는 대신 "저녁 먹고 30분 후에 숙제를 시작한다."라는 고정된 루틴이 생기면 그 자체가 마음의 질서가 된다. 예측이 가능한 하루는 아이의 감정을 안정시키고, 그 안정감은 곧 집중력으로 이어진다. 심리학에서도 일상 루틴이 감정 조절에 도움이 된다고 말한다. 특히 사춘기 아이일수록 감정의 기복이 크기 때문에 '반복되는 흐름'은 정서를 다잡아주는 강력한 힘이된다. 루틴을 지켜온 아이는 확실한 성취 경험을 갖게된다. "오늘도 정해진 시간에 숙제를 시작했어." 이 한문장은 아이에게 "나는 계획을 지킬 수 있는 사람이야."라는 자기효능감을 심어준다. 따라서 루틴은 성적보다오래 가는 심리적 안정감을 준다.

갈등을 줄이는 부모의 개입

부모가 아이의 숙제에 개입할 때 가장 흔하게 하는실수는 '명령형 언어'의 사용이다. "빨리 좀 해라.", "이제 숙제 해야지."와 같은 말은 순간적으로 아이의 행동을 끌어낼 수는 있지만, 오래 지속되도록 하지는 못한다. 왜냐하면 아이에게는 부모의 말이 통제와 압박으로들리기 때문이다. 부모와 아이의 갈등을 줄이려면, 통제대신 협의가 필요하다. 부모가 일방적으로 공부할 시간을 정해주는 대신, 아이와 함께 이야기하며 공부할 시간을 정하면 아이는 주도권을 느끼게 된다. "저녁 먹고 30분 쉬고 8시부터 시작하는 건 어때?" 이렇게 부모가 제안하고 아이의 의견을 묻는 순간, 아이의 행동은 '명령에 따른 수행'이 아니라 '자기와의 약속'이 된다. 혹시 공부를 시작하는 시간이 계획보다 늦어지더라도 아이가 시작한 행동 자체는 칭찬해야 한다. "벌써 책상 앞에 앉았구나. 공부를 시작하려는 게 대단하다." 이 말은 아이에게 "부모가 내 노력을 지켜본다."라는 신호를 준다. 아이는 자신의 행동이 부모에게 인정받을 때, 루틴은 억지가 아닌 자기 주도성을 발휘하는 시간으로 자리 잡게 된다.

사례: 루틴으로 갈등이 사라지다.

중학교 3학년 민수는 숙제를 늘 미루는 습관이 있었다. 집에 오면 스마트폰을 먼저 잡고, 숙제는 밤늦게서야 시작했다. 부모는 매일 같은 말을 반복했다. "언제까지 이렇게 할 거야?", "빨리 좀 시작해." 결국 아이는 대답 대신 문을 닫았다.

그러던 어느 날, 민수 어머니는 숙제를 '갈등의 원인'이 아닌 '균형을 배우는 기회'로 바라보기로 했다. 그렇다. 상황에 대한 관점을 전환(ReFrame)한 것이다. "오늘은 저녁 먹고 30분만 쉬고 숙제를 먼저 하고, 9시 45분부터 놀아보는 건 어때?" 민수는 처음엔 마지못해 동의했지만, 숙제를 먼저 끝내고 나니 마음이 편했다. 놀 때도 불안하지 않았다. 며칠 후 민수는 스스로 말했다. "오늘은 숙제가 많으니까, 게임은 좀 줄여야겠다." 작은 루틴이 자기 조절력을 키운 것이다. 갈등이 줄어들자 집은 다시 평온해졌다.

또한, 루틴은 하루의 리듬에서 시작해서 주간 단위로 확장할 수 있다. 하루 루틴은 일정한 시간과 행동의 반복이다. 예를 들어 저녁 7시 식사, 8시 숙제 시작, 9시 복습, 9시 30분 휴식과 같이 패턴을 고정하면 고민할 시간이 줄어든다. 주간 루틴은 요일별 학습 계획으로 구성된다. '월요일은 영어 3과 단어 복습, 화요일은 수학 중단원 문제 풀기, 목요일은 과학 2단원 정리'처럼 요일별로 주제를 나누면 아이는 일주일의 큰 흐름을 보게 된다. 주간 루틴은 단기 몰입과 장기 계획을 연결하고, 이 계획은 '오늘 해야 할 일'에서 '이번 주에 성장할 목표'로 시선을 넓혀준다.

루틴이 바꾸는 공부 정서

루틴은 아이의 마음을 단련하는 과정으로 접근해야

한다. 무엇을 언제 해야 할지 아는 아이는 불안을 덜 느낀다. 루틴이 자리를 잡으면 '해야 할 일'이 '할 수 있는 일'로 바뀐다. 또한 루틴을 지킬 때마다 아이의 마음에는 작은 긍정이 쌓인다. "나는 약속을 지켰다.", "나는 매일 조금씩 나아지고 있다."처럼, 이러한 자기 확신은 공부의 동기를 내면으로부터 끌어올린다. 그 힘은 향상된 시험 점수보다 효과가 오래 간다. 루틴이 자리 잡은 집에서는 부모의 잔소리가 줄어들고, 서로 대화가 많아지게 된다. 집은 더 이상 점검의 공간이 아니라 아이의 성장을 응원하는 공간이 된다. 정서적 안정감이 회복되면, 공부는 더 이상 싸움이 아니라 자연스럽게 삶의 한 부분이 된다.

숙제는 단순히 해야 할 일이 아니라, 자기 삶을 설계하는 첫 번째 연습으로 생각하도록 해야 한다. 하루의 루틴이 아이의 정서를 안정시키고, 작은 성취가 자기주도 학습의 바탕이 되는 것이다. 부모의 역할은 점검자가 아니라 조력자다. 오늘 아이가 한 걸음 내디뎠다면 그것으로 충분하다. 그 한 걸음이 쌓여 내일의 자신감이 되고, 결국 아이의 미래를 바꾸게 될 것이다.

2장
스마트폰의 유혹
끊어내기

스마트폰이 뇌에 미치는 영향

스마트폰은 아이들의 일상에 깊게 들어와 있다. 수업이 끝나면 스마트폰을 켜고, 잠들기 직전까지 손에서 놓지 못한다. 공부하다가도 알림이 울리면 그 소리에 집중력이 순식간에 흐트러진다. "진짜 몇 분만 볼게요."라는 약속이 한 시간을 넘어가고 그 모습을 보는 부모는 불안해진다. 그러나 이 문제를 단순히 '스마트폰 중독'으로만 볼 것은 아니다. '상황 조절을 배우는 기회'로 바라볼 필요가 있다. 스마트폰은 아이의 뇌를 자극하는 동시에, 자기 통제력을 연습하는 도구가 될 수 있다.

스마트폰의 가장 큰 문제는 그 자체가 아니라 '즉각적 자극에 무방비 상황인 뇌의 상태'라고 하겠다. 알림 소리 하나에도 도파민이 뇌에서 분비되어 짧고 강한 쾌감을 느끼게 된다. 반복적인 자극은 더 큰 자극을 원하게 하고 긴 호흡이 필요한 사고를 방해한다. 그래서 긴 글을 읽을만한 인내심이나 수학 문제를 생각하며 끝까지 풀 집중력이 떨어진다. 이런 현상은 아이의 의지가 약해서가 아니라, 뇌가 이미 짧은 자극에 익숙해졌기 때문으로 접근해야 한다. 아이의 뇌는 여러 화면을 동시에 넘기며 단기 기억만 활성화되다 보니, 학습한 내용이 장기 기억으로 옮겨가지 못하는 것이다. 부모가 "너는 왜 집중을 안 하니?"라고 다그칠 때, 정작 아이의 뇌 상태는 스마트폰에 이미 길들여지고 있는 것이다.

이럴 때 필요한 것은 '상황 통제'가 아니라 '환경 설계'이다. 아이의 뇌 상태를 바꾸려 하기보다는 아이가 집중할 수 있는 환경으로 우선 바꿔줘야 한다. 예를 들어 스마트폰의 알림을 모아서 확인하는 시간을 정하거나, 잠을 잘 때 침대 옆에서 충전하지 않도록 하는 것이다. 이런 작은 변화가 뇌의 자극 주기를 조절하게 만들고, 점차 자기 통제력을 회복하게 된다. 즉, 스마트폰은 '없애야 할 적'이 아니라 '조절을 배우는 도구'가 된다. 부모가 스마트폰을 금지의 대상이 아닌 학습의 도구로 바라볼 때, 아이의 자기 조절 능력은 오히려 강화될 수 있다.

스마트폰 사용 규칙

이런 상황에서 부모가 가장 흔히 쓰는 방법은 아이가 스마트폰을 사용하지 못하게 하는 것이다. 그러나 아이의 스마트폰 사용을 통제하려 하면 할수록 아이와의 갈등은 커져만 간다. 아이는 통제받는다고 느끼는 순간 심하게 반발하거나 오히려 부모 몰래 사용한다. 마침내 서로의 신뢰만 무너지는 결과가 되는 것이다.

해결의 열쇠는 바로 상호 합의에 있다. 규칙은 위에서 내려오는 탑다운 방식의 명령이 아니라 함께 만드는 약속이어야 한다. 규칙을 만드는 과정은 곧 자기주도 학습의 시작이 될 수 있다. 중학교 1학년 지민이는 매일 숙제를 미뤘다. 부모는 숙제를 위해 아이의 스마트폰 사용을 통제하지만, 아이와 다투는 일만 여러 번이었다. 그러던 어느 날, 부모가 상황에 관한 생각의 프레임을 바꿨다. "지민아, 우리가 스마트폰을 사용하지 않을 수는 없을 거야. 그런데 숙제도 해야 하잖아? 같이 사용 규칙을 정해보자." 처음에는 지민이가 불편함을 드러냈으나 부모와의 대화 안에서 답을 찾았다. "저녁 8시부터 9시 30분까지는 숙제하고, 그 이후에 잘 준비할 때까지는 자유롭게 사용하기" 규칙은 눈에 잘 보이는 곳에 붙였다. 지민이는 스스로 만든 약속을 지키려고 노력하였다. 결과적으로 부모와의 스마트폰 갈등은 줄어들었다. 다행스럽게도 자연적으로 공부 습관은 조금씩 회복이 되었다.

대체 활동

아이가 스마트폰 사용을 줄인다고 완전한 해결을 보는 것은 아니다. 그만큼 빈자리가 생기면 다시 스마트폰에 손이 가기 마련이다. 그래서 아이에게는 대체 활동이 꼭 필요하다. 대체 활동은 단순한 대안이 아니다. 관계와 몰입을 되살리는 연결고리이다.

① 책 읽기

책은 억지로 읽히지 못한다. 부모도 함께 읽어야 효과가 있다. 저녁 9시부터 15분 동안은 가족 독서 시간으로 정하는 방법을 사용해도 좋다. 아이는 부모의 모습을 보고 따라 하기 때문이다. 아이에게 책을 보라고 하고 옆에서 부모는 TV를 시청하거나 스마트폰을 보고 있다면 효과가 없는 방법이 된다. 부모와 함께 책 읽기는 실천하는 시간이 짧아도 꾸준히 이어지면 좋은 습관이 된다.

② 대화

스마트폰을 내려놓은 자리에 부모와의 대화 시간으로 대신해 보자. "오늘 가장 즐거웠던 순간은 언제였니?" "오늘 OO를 배우면서 새롭게 알게 된 건 어떤게 있어?" 아이는 스마트폰의 화면보다 부모의 애정이 담긴 관심에서 더 큰 정서적 만족을 얻게 된다. 실제로 이렇게 시작해서 자녀와의 대화가 풍성해진 사례를 많이 볼 수 있다.

③ 산책

짧은 산책으로 아이는 스마트폰의 빈자리를 메울 수 있다. 몸을 움직이면 마음의 긴장도 해소된다. 발걸음 속에 부모와의 대화가 흘러든다. "아이와 저녁에 20분씩 함께 산책하다 보니 스마트폰을 보는 시간보다 하루의 이야기를 나누는 시간이 더 늘어나게 되었다."라고 말하는 부모가 많아지고 있다. 산책은 단순한 운동이 아니라 서로의 마음을 잇는 시간인 셈이다.

④ 손으로 하는 작은 활동

큐브, 드리블, 그림 그리기, 퍼즐 맞추기 등의 작은 활동은 스마트폰 화면의 자극을 이기는 무기가 된다. 아이는 이런저런 작은 활동에서 경험하는 성취로 만족함을 느낀다. 만족이 쌓이면 스마트폰의 유혹은 줄어들게 된다.

대화 예시: 규칙을 만드는 순간

부모: "스마트폰 때문에 숙제를 늦게 시작하는 것 같아. 네 생각은 어때?"

아이: "맞아요. 공부하려고 해도 자꾸 스마트폰을 보게 돼요."

부모: "그럼 우리가 같이 규칙을 정해보자."

아이: "음… 저녁 먹고 조금 쉬고 숙제하고 싶어요."

부모: "좋아. 8시부터 9시 30분까지는 숙제 시간으로 하고, 그 시간이 끝나면 자유롭게 사용하는 것으로 해보자. 어떠니?"

아이: "네, 그렇게 할게요."

부모: "좋다. 그럼, 너도 동의한 규칙이니까 지킬 거라 믿어."

규칙을 정할 때는 아이가 함께 규칙 결정에 참여해야 효과가 있다. 일방적으로 부모가 정한 규칙에는 아이의 관심이 없다. 왜냐하면 약속한 규칙 실천에 의미를 못 느끼기 때문이다. 그러나 함께 만든 규칙은 자신에게도 책임이 따른다는 것을 알기 때문에 아이도 잘 지켜보려 노력하게 된다.

스마트폰은 아이의 삶에서 완전히 사라지지 않는다. 오히려 아이의 스마트폰 사용을 통제하려 하면 다툼이 된다. 그러나 상호 협의로 균형을 세우면 해결의 길이 보인다. 공부와 휴식, 규칙과 여유의 균형을 갖는 것이 중요하다. 그 가운데서 아이의 조절 능력을 키워야 한다.

스마트폰은 유혹적이지만 동시에 새로운 기회가 될 수 있다. 부모가 자신의 고정된 생각의 프레임을 바꿀 때, 아이와의 갈등은 줄어들고 아이의 자기 조절력은 향상하게 된다. 아이는 스스로 스마트폰을 잠시 내려놓고 다시 공부에 집중하는 모습으로 돌아오게 된다. 이러한 작은 경험은 자기주도 학습의 출발점이 된다. 오늘의 점 하나가 내일은 선이 된다. 그 선은 면을 이루고 이후에는 평면도형을 거쳐 입체도형으로까지 성장하게 된다. 점은 하나의 습관이 되고, 그 습관은 삶을 주도적으로 이끌어 가게 된다.

① 나는 스마트폰을 '싸워야 할 대상'으로만 보고 있지 않은가?

아이에게서 스마트폰을 빼앗는 순간, 부모는 통제자가 된다. 스마트폰을 싸워야 할 대상이 아니라, 아이가 자기 조절을 연습할 수 있는 훈련 도구로 바라보면 대화의 방향이 달라진다. "이걸 끊어야 해"보다 "이걸 어떻게 다뤄볼까?"로 바꾸는 것이 전환의 시작이다.

② 나는 '통제'보다 '합의'를 선택하고 있는가?

부모가 정한 규칙은 잠깐의 효과만 낸다. 그러나 아이와 함께 정한 규칙은 효과가 오래 간다. "몇 시에 스마트폰을 내려두면 좋을까?" 이렇게 묻는 한 문장이, 통제의 관계를 협력의 관계로 바꾸는 전환점이 된다.

③ 나는 스마트폰의 빈자리를 어떻게 채워주고 있는가?

사용을 줄이는 것만으로는 공허함이 생긴다. 그 자리를 대화, 산책, 독서, 놀이와 같은 새로운 몰입 경험으로 대신해야 한다. 스마트폰의 제한보다, 관계의 대체를 설계해야 한다.

④ 나는 아이의 집중력 저하를 '의지 부족'으로만 해석하고 있지 않은가?

집중력 문제는 게으름이 아니라 뇌가 피로하다는 신호일 수 있다. 알림과 짧은 영상에 익숙해진 뇌는 긴 텍스트나 문제 풀이에 버티기 힘들다. 비난보다 '회복의 시간'을 주는 것이 우선이다.

⑤ 나는 스마트폰 대신 '함께 쉬는 시간'을 제안하고 있는가?

"이제, 그만 봐!"라는 말보다 "같이 산책할까?", "오늘은 영화 한 편 볼까?"가 더 효과적이다. 아이의 스마트폰 사용을 멈추게 하는 것은 금지가 아니라 함께 보내는 시간의 즐거움으로 바꿀 수 있다.

⑥ 나는 스마트폰 사용을 '기록'하며 대화하고 있는가?

매일 사용 시간을 함께 확인하며 대화의 소재로 삼아보자. "오늘은 어제보다 20분 줄었네, 어땠어?" 이렇게 기록을 기반으로 나누는 대화는 비난이 아닌 성장의 피드백이 된다. 기록은 통제가 아니라 습관을 자각하게 하는 거울이 되는 것이다.

⑦ 나는 스마트폰보다 아이의 눈빛을 더 자주 바라보고 있는가?

부모가 보여주는 '스마트폰을 자주 확인하는 모습'은 아이에게 '이것은 당연한 행동'이라는 무언의 메시지를 준다. 스마트폰을 내려놓고 아이의 눈을 바라보는 순간, 그 시선 속에서 '집중력'보다 중요한 관계의 힘이 자란다. 아이에게 필요한 건 완벽한 규칙이 아니라 함께 연결되어 있다는 느낌이다. 부모와 친밀한 유대관계보다 좋은 것이 있을까?

이 일곱 가지 질문은 관점의 훈련이다. 부모가 먼저 자신의 프레임을 바꿀 때, 스마트폰은 갈등의 원인이 아니라 아이가 자기 조절을 배우는 도구로 변한다. 아이를 바꾸려 하기보다 대화의 방향을 바꾸는 것, 그것이 진정한 변화의 시작이다.

3장
"다음엔 잘해."가 아닌
"과정이 좋았어."

결과에 집중하는 말은 판결의 프레임

아이의 시험이 끝났을 때 부모가 가장 먼저 하는 질문은 대개 이렇다.

"수학 과목 몇 점 나왔어?", "그래서 몇 등이야?"

부모가 기대한 만큼 점수가 잘 나오면 부모의 얼굴에는 웃음이 돌지만, 기대에 못 미치면 표정이 굳어버리기 쉽다. 아이는 부모의 표정으로 부모의 관심이 자신이 아닌 오로지 자신이 기록한 학교 성적에만 달려 있다는 것을 금방 알아차린다. 자신이 그동안 어떤 과정을 거쳤는지는 부모는 묻지 않는다. 어떻게 노력했는지 관심을 주지 않는다. 학교 성적 결과만 평가받는 순간, 아이는 스스로 작아지게 된다.

이처럼 결과 중심의 피드백은 학교 성적이 좋지 않으면 아이는 스스로 무가치하다고 여기게 만든다. 그래서 실패의 경험은 두려움으로 변하고, 새로운 시도 앞에서는 많이 주저하거나 포기하게 된다. 부모의 의도와 달리 결과 프레임은 아이의 마음을 빨리 닫아버리게 한다. 학교 성적표는 더 이상 점수를 확인하는 정보가 아니라 재판할 때 판사의 판결문처럼 아이는 무겁게 느끼게 된다.

과정에 집중하는 말은 변화의 프레임

하지만 반대로 그동안 준비한 과정을 바라보는 순간, 아이의 표정은 달라진다. "이번 시험에서 수학 점수는 아쉽지만, 끝까지 포기하지 않고 문제를 풀어낸 게 대단하다."라는 말은 아이가 자신을 긍정적으로 바라보게 만든다. "이번에 영어 단어를 매일 아침 외우고 등교한 게 성적에 도움이 된 것 같구나."라는 말은 아이로 하여금 그동안 애써온 자신의 노력을 돌아보고 스스로 평가하게 한다.

과정 중심의 피드백은 아이에게 실패하는 결과조차

도 배움의 기회가 될 수 있다는 사실을 알게 한다. 아이는 결과보다 중요한 것이 과정이라는 것을 깨닫는다. 어떤 것이든 시도하는 과정에서 자신이 꾸준히 성장하고 있다는 믿음을 키워주게 된다. 학교 성적 결과는 끝이 아니라 다음 단계를 알려주는 출발점이 되는 것을 알아야 한다. 판결이 아닌 과정이라는 프레임 속에서 아이는 실패를 두려워하지 않게 된다.

부모의 언어: 칭찬에서 성장의 언어로

아이가 준비한 과정을 인정하고 칭찬으로 말해주려면 부모의 언어가 달라져야 한다. 막연한 칭찬보다는 구체적인 성장의 언어 표현이 필요하다. 아래는 대표적인 표현의 예시 문장을 소개하는 내용이다. 이 외에도 여러 다양한 표현을 시도해 보기를 추천한다.

① 노력의 언어
"시간을 내서 꾸준히 준비한 모습이 기특하다."
"포기하지 않고 끝까지 집중한 부분이 엄마는 자랑스럽다."
"매일 조금씩 실천한 게 가장 큰 성과인 것 같다."

② 전략의 언어

"문제를 푸는 방법을 중간에 바꿔 보는 게 좋은 시도였어."

"영어 단어를 너만의 방식으로 정리한 게 좋은 아이디어였구나."

"틀린 문제를 오답 노트에 다시 정리한 것이 큰 도움이 된 것 같구나."

③ 태도의 언어

"실수했을 때도 침착하게 대처한 게 좋았다."

"실수를 통해 배우려는 태도가 대단하다."

"결과보다도 시험에 집중하려고 한 너의 모습이 더 보기 좋다."

언어 표현의 초점이 바뀌면 아이는 자신을 다르게 바라본다. 점수로 '몇 점짜리 아이'로 판결된 결과가 아닌 과정에서 아이는 자부심을 찾게 된다. 이것은 학습을 넘어 사회인으로 성장하는 부분에서도 중요한 밑거름이 된다는 것을 부모는 알아야 한다.

아이를 살리는 말: 위로의 언어에서 성장의 언어로

"다음엔 잘해."라는 말은 겉보기엔 위로 같지만, 사실은 결과만 바라보는 표현이다. 아이에게는 '다음에는 더 잘해야 한다'라는 부담으로 들린다. 노력의 과정이 사라지고, 결과만 남는다. 아이는 "내가 해온 노력은 아무 의미가 없구나."라는 생각을 하게 되고, 실패를 두려워하기 시작한다. 도전은 줄어들고, 자기 확신은 작아진다. 부모의 한마디가 아이에게 '실패=무가치함'이라는 인식을 심어줄 수도 있는 것이다.

그러나 시선을 '결과'에서 '과정'으로 바꾸면 이야기는 완전히 달라진다. "이번 시험은 어땠어?" 대신 "준비하는 과정에서 뭐가 제일 어려웠어?"라고 묻는 순간, 아이는 점수를 넘어 자신의 노력을 되돌아보게 된다. "과정이 좋았어.", "끝까지 포기하지 않고 해낸 게 대단하구나." 이런 말은 아이의 실패를 위로로 덮지 않고, 배움으로 관점을 전환하는 ReFrame의 언어가 된다. 아이는 "내가 해냈다."라는 자기 효능감을 느끼고, 다시 시도할 용기를 얻는다.

이런 대화는 단순한 격려가 아니다. 아이는 부모의 말 속에서 '존중받고 있다'는 신호를 받는다. 부모가 결과 대신 과정을 인정할 때, 아이는 "나는 괜찮은 사람이야."

라는 내적 확신을 키운다. 오늘 저녁, "다음엔 잘해." 대신 "이번엔 끝까지 해낸 게 멋지다."라고 말해보자. 아이의 표정이 달라지고, 어깨가 가벼워질 것이다. 부모의 말이 단순한 위로에서 성장의 언어로 바뀌는 순간, 아이의 실패는 좌절이 아니라 배움의 출발점이 된다.

4장
아이가 스스로
세운 목표

목표를 보는 시선부터 바꿔야 한다.

많은 부모는 목표가 클수록 좋다고 생각한다. "중학교 때 전교 상위권에 들어야 한다.", "이번 시험은 꼭 90점 이상 받아야 한다.", "주요 과목 1등급은 꼭 만들어야 대학을 가지." 이런 식의 표현은 부모의 불안을 고스란히 아이에게 전달하는 마음을 담아내고 있다. 부모는 아이를 위하는 마음에서 이런 말을 한다지만 정작 아이는 부모의 불안을 이어서 받을 뿐이다. 부담의 무게만 느껴진다. 목표가 부모의 언어일 때, 아이의 주도성은 약해지기 마련이다.

생각의 전환인 ReFrame은 여기서부터 시작해야 한다. 목표는 클수록 좋은 것이 아니다. 오히려 목표가 단계적으로 작을수록 실천이 더욱 가능하다. 크고 막연한 목표는 불안을 키우지만, 작고 구체적인 목표는 아이에게 작은 성공을 선물한다. 부모의 시선이 달라져야 아이의 성취도 달라지는 것이다.

SMART는 평가 잣대가 아니라 성장의 도구이다.

목표를 세울 때 많은 학생이 SMART 기법을 사용한다. 각 단어의 구성요소는 Specific(구체적으로), Measurable(측정 가능), Achievable(달성 가능), Relevant(관련성이 있는) 그리고 Time-bound(마감 기간의 설정)로 설명할 수 있다. 하지만 안타깝게도 많은 부모는 이 방법으로 아이를 평가하는 잣대로 삼는다. 이 방법은 아이가 자기 언어로 목표를 이루는 데 사용하는 도구로 정확히 이해하고 사용해야 효과가 있다.

예를 들어 '열심히' 또는 '잘' 무엇을 하겠다는 말은 목표가 분명하지 않다고 할 수 있다. 왜냐하면 측정 불가능하기 때문이다. 하지만 오늘은 영어 단어 50개를 외우겠다는 말은 목표가 구체적으로 보인다. 오늘은 공부를 '많이' 하겠다는 말 또한 확인하기가 어려운 표현이다. 역시 구체적이지 않기 때문이다. 그러나 00 문제집을 38페이지까지 3장을 풀겠다는 말은 측정이 가능한 표현이다. 하루에 책 한 권을 읽는다는 것 역시 막연한 목표로 구체적이지 않다. 그러나 하루 20페이지를 읽겠다는 것은 비교적 달성이 수월해 보인다. 시험 준비와 연결된 과제에 적용해 본다면 더욱 의미가 있는 방법이 된다. 마감일은 "언젠가"가 아니라 "이번 주 목요일 밤까지"처럼 분명해야 한다.

SMART는 부모가 아이에게 평가를 위해 점검을 위해 들이대는 기준이 아니라고 했다. 이유는 간단하다. 아이가 얼마만큼 달성했는지 중간 평가를 하다 보면 목표를 이뤄야 한다는 조급함이 생긴다. 그래서 아이를 다그치게 되기 때문이다. 진행이 부족해 보이는 부분부터 부모가 중간에 개입하면 결과는 목표에 도달이 어렵게 된다. SMART 방법은 아이가 자기 언어를 통해 실천이 가능한 말로 바꾸는 과정이 필요하다. 아이가 SMART 하게 목표를 세우려고 할 때는 아이의 말이 구체적이고 측정이 가능하도록 도와주면 된다. 실천의 주체는 아이가 되어야 한다. 이 방법을 꾸준히 실천만 잘 한다면 기대하는 효과보다 더 훌륭한 결과가 나타나는 것은 분명한 사실이다.

작은 목표가 만드는 큰 변화

작은 목표는 초라해 보일 수 있지만, 아이에게는 가장 현실적인 출발점이 된다. '하루에 영어 단어 30개 외우기', '오늘 숙제는 오늘 끝내기.' 이런 작고 구체적인 목표는 성공의 가능성을 높인다. 그리고 그 작은 성공이 모여 큰 자신감을 만든다.

중학교 2학년 연주는 영어 과목이 늘 어려웠다. 부모는 "이번엔 85점은 꼭 넘겨야 해."라고 말했지만, 그 말은 격려보다 부담으로 다가왔다. 그러나 연주가 스스로 "하루에 30개만 외워보자."라는 작은 목표를 정했을 때 상황이 달라졌다. 일주일 후, 150개가 넘는 단어를 외웠고, 수행 평가에서 좋은 결과를 얻었다. 작은 목표는 초라한 시도가 아니라, 성장의 불씨였다.

ReFrame은 "이 정도는 아무것도 아니야."라는 부모의 시선을 "이 한 걸음이 시작이야."라는 것으로 바꾸게 한다. 부모가 아이의 불씨를 인정할 때, 아이의 동기라는 불꽃은 더 크게 타오른다. 하지만 그 과정에서 부모는 감독자가 되어서는 절대 안 된다. "제대로 했는지 어디 보자.", "목표를 못 지키면 안 돼." 같은 말은 아이의 목표를 통제로 바꾸어 버린다. 부모가 점검자가 되면, 아이는 자신의 목표를 '검사받는 일'로 느끼게 된다.

반대로 부모가 조력자(Helper)가 되면, 목표는 '함께 걷는 약속'이 된다. "나도 오늘 책 20쪽을 읽을 거야.", "나도 30분 동안 스마트폰을 내려놓을게." 이렇게 부모가 자신만의 작은 목표를 함께 세울 때, 아이는 '나 혼자 하는 것이 아니구나'라는 정서적 안정감을 준다.

물론 모든 목표가 계획대로 이루어지지는 않는다. 어떤 날은 잘 해내지만, 어떤 날은 실패하기도 한다. 이때 중요한 것은 실패를 어떻게 해석하느냐이다. "하기로 해놓고 왜 안 했니?", "너는 왜 꾸준하지 못하니?"라는 말은 실패를 낙인으로 만든다. 그러나 ReFrame은 그 실패를 '과정의 일부'로 본다. 실패는 잘못이 아니라 전략 수정의 신호인 것이다. "시간이 부족했을까?", "방법이 맞지 않았을까?", "목표가 너무 컸던 걸까?" 이런 질문을 통해 아이는 자신을 객관적으로 점검하고, 다음 계획을 더 현실적으로 세운다.

부모가 실패를 꾸짖지 않고 탐색의 기회로 바꿀 때, 아이는 시도 자체를 두려워하지 않게 된다. 목표 달성의 핵심은 완벽한 성공이 아니라, 다시 시작할 용기를 잃지 않는 것이다. 결국, 아이의 성장은 크고 완벽한 목표가 아니라 작고 지속적인 실천의 힘에서 나온다. 부모가 아이의 불씨 같은 노력을 인정하고, 함께 걷는 조력자가 될 때, 아이는 실패를 두려워하지 않고, 스스로 다음 단계를 향해 나아가는 법을 배운다. 그 한 걸음의 반복이 아이의 자기주도 학습을 완성해 간다.

목표는 삶을 이끄는 언어이다.

아이의 목표는 부모가 대신 해줘야만 하는 숙제가 아니다. 목표는 아이의 언어로 만든 자기 선언이다. 부모가 정해준 일방적인 목표는 오래 실천하기가 어렵다. 그러나 아이의 입에서 나온 목표는 작은 부분이라도 힘이 있어서 실천으로 연결할 수 있다. "이번 주는 수학 숙제를 정한 시간에 끝내자.", "오늘 단어 20개만 외우자." 이런 작은 결심에는 아이가 목표를 이루고자 하는 마음이 담겨 있다.

작은 목표로 이루는 작은 성공은 차곡차곡 쌓이게 된다. 그렇게 되면 하나의 좋은 습관이 만들어진다. 그리고 그 습관은 잘 자리 잡은 학습 태도로 연결되어 형성된다. 이렇게 형성된 학습 태도는 마침내 아이의 삶을 이끌게 된다. 여기에서 부모가 할 일은 아이에게 큰 목표를 대신 세워주는 것이 아니다. 아이가 자기 언어로 달성이 가능한 작은 목표를 말하도록 하고 잘 실천하는지 지켜보면 되는 것이다.

부모의 불안은 종종 큰 목표를 강요하게 한다. 부모의

불안은 아이에게 결과적으로 짐이 된다. 하지만 부모의 자녀에 대한 신뢰는 강력한 힘이 된다. 부모가 생각의 변화를 통해 고정된 프레임을 바꿀 때, 아이의 목표는 부담이 아니라 성장의 언어가 된다.

대화 예시(아이의 언어로 말하게 하기)

부모: "이번 주엔 어떤 목표를 세워보고 싶니?"

아이: "음… 수학 문제집 10장을 풀고, 단원 마무리 문제까지 다 끝내고 싶어요."

부모: "좋은 생각이네. 그럼 매일 2장씩 나누면 일주일 안에 다 끝나겠네. 그 계획은 네가 생각해서 정한 거야?"

아이: "네, 예전에는 한 번에 몰아서 많이 했는데 실패해서 이번엔 조금씩 하려고요."

부모: "그 판단이 참 현명하다. 스스로 방법을 바꿔 본 거잖아."

아이: "네. 이번엔 정말 해낼 수 있을 것 같아요."

부모: "그래, 이번엔 할 수 있다는 그 마음이 제일 중요해. 계획대로 다 끝내면 어떤 기분일 것 같아?"

아이: "제가 계획한 걸 지켜냈다는 게 뿌듯할 것 같아요. 다음엔 다른 목표도 해보게요."

부모: "바로 그거야. 작게 시작한 경험이 다음 도전을 만
드는 거야. 실패해도 괜찮아."

아이: "네, 안 되더라도 다시 방법을 바꾸면 되니까요."

부모: "맞아, 목표는 지키는 것도 배우지만, 조절하는 것
도 배우는 과정이지."

이 대화에서 부모는 점검자가 아닌 조력자로서의 태
도를 유지한다. "다 했니?", "끝냈니?" 같은 확인형의 질
문 대신, "어떤 목표를 세우고 싶니?", "그 계획은 네가
계획한 거니?"처럼 아이의 주체적 언어를 이끄는 질문
을 사용한다.

이때 중요한 것은 아이의 말을 실행 언어로 바꾸는
과정이다. 부모가 "좋아, 그럼 매일 2장씩 풀면 되겠네."
라고 구체화함으로써 아이의 목표가 추상적 결심에서
실천이 가능한 구체적인 행동으로 변하게 된다. 또한
부모는 결과보다 과정을 칭찬하면 된다. "잘했어." 대신
"스스로 방법을 바꿔 본 게 현명하다."처럼 노력과 판단
력에 초점을 맞춘다. 왜냐하면 "잘했어."는 결과를 평가
하는 말이기 때문에 과정을 인정해주고 칭찬하는 것이
중요하다.

이러한 언어 표현은 아이의 자기효능감(Self-efficacy)
을 높여 나는 해낼 수 있다는 믿음을 강화하게 된다. 무

엇보다 부모는 '조력자 프레임'으로 대화를 이끈다는 것이다. 아이의 목표를 대신 수립하거나, 진행 상황을 굳이 검사하려고 하지 않는다. 부모가 아이와 같은 편에서 "그 판단이 좋다.", "과정이 있었다는 게 중요하다."라고 말할 때, 아이는 통제받는 느낌이 아닌 '함께하는 느낌'을 받는다. 그 심리적 안정감이 자기주도 학습의 토대가 되는 것이다.

TIP 실천팁

질문은 개방형으로: "~했니?" 대신 "~하고 싶니?" "어떻게 하면 좋을까?"
결과보다 과정 피드백: "끝냈다." 대신 "꾸준히 했다.", "방법을 바꾸어봤다."
함께 목표를 공유: "나도 오늘 20쪽 읽을게.", "우리 둘 다 30분간 집중하자."
실패를 재정의: "못 했다."가 아니라 "다음에 더 나은 방법을 찾아보자."

[루틴과 습관]

나는 아이의 숙제를 점검하기보다 아이와 함께 하루·주
간 루틴을 세우는가?　　　　　　　　　　　　[　]

아이가 작은 시작을 시도했을 때 "좋아, 시작했구나."라
고 말했는가?　　　　　　　　　　　　　　　[　]

아이가 루틴을 완벽하게 지키지 못해도 과정의 의미를
인정하는가?　　　　　　　　　　　　　　　[　]

[스마트폰 사용]

스마트폰 규칙을 일방적으로 정하지 않고 아이와 함께
합의했는가?　　　　　　　　　　　　　　　[　]

사용 시간을 줄이는 데만 집중하지 않고 독서·대화·산
책 등과 같은 대체 활동을 마련하였는가?　　　[　]

아이가 규칙을 어겼을 때 부모가 비난하지 않고 "다시
해보자!"라고 말했는가?　　　　　　　　　　[　]

[과정 중심 피드백]

학교 성적을 묻기 전에 먼저 노력과 태도를 칭찬했는
가?　　　　　　　　　　　　　　　　　　　[　]

"다음엔 잘해." 대신 "이번에 포기하지 않고 끝낸 게 좋

앉어."라고 말했는가? [　]

친구나 형제와 비교하지 않고 아이 자신의 과정을 바라

보았는가? [　]

[아이가 세운 목표]

수립하는 목표가 부모의 언어가 아니라 아이의 언어로

만들어졌는가? [　]

SMART 원칙(구체·측정·실현·관련·기한)에 맞게 목표를 설

정했는가? [　]

작은 목표라도 성취했을 때 함께 기뻐했는가? [　]

실패를 좌절이 아니라 전략을 수정할 과정으로 보았는

가? [　]

[부모 자기 점검 질문]

나는 아이를 감독관으로 대하고 있는가? 아니면 조력자

로 대하고 있는가? [　]

나는 아이의 결과를 판결처럼 읽는가? 아니면 성장 과

정을 해석하듯 바라보는가? [　]

나는 나의 불안을 기준으로 목표를 강요하는가? 아니면

아이와의 신뢰 속에서 아이의 언어를 존중하는가? [　]

3부

스스로

공부하는 말

말의 힘이 아이의 자존감과 학습 태도를 바꾼다.

부모가 하는 한마디 말의 전환이 아이와 형성된 관계의 방향을 바꾸게 한다. 아이와 부모의 관계는 하루에도 여러 번 말 속에서 방향이 달라진다. 같은 내용을 표현하더라도, 말의 표현이 다르면 결과는 완전히 달라지기 마련이다. 많은 부모가 "나는 아이를 위해 말했을 뿐인데 아이가 왜 상처를 받을까?"라고 생각한다. 부모가 보이는 점검의 표현은 아이를 방어적으로 만들지만, 공감하는 말의 표현은 아이에게 신뢰감을 준다. 이 차이가 결국 관계의 결을 바꾸게 되는 것이다. 부모가 표현하는 한 문장이 바뀌면 서로 대하는 분위기가 바뀌고, 분위기가 바뀌면 아이와의 관계가 달라진다. 따라서 부모의 말은 상황에 따라 아이의 주도성과 자존감을 높이게 하는 것으로 볼 수 있다.

예를 들어, "지금까지 뭐하다가 이렇게 늦게 공부를 시작하니?" 대신 "지금이라도 시작하려는 게 대단하네." 또는 "그걸 또 틀렸어?" 대신 "이전보다 조금씩 나아지려 애쓰는구나."처럼 작은 말 한마디가 아이의 마음을 '위축'에서 '성장'으로 이동하게 한다. 이것이 바로 리프레임(ReFrame), 관점을 전환해서 표현하는 말의 힘이다.

이 장에서는 부모의 언어가 아이의 정서, 동기, 관계의 흐름에 어떻게 영향을 미치는지를 구체적인 예시와 함께 살펴본다. '지시에서 대화로', '비교에서 인정으로', '평가에서 공감으로' 언어의 방향이 전환될 때, 아이의 태도는 자연스럽게 변화한다. 만약에 아이의 마음을 활짝 열리게 하고 싶다면, 부모는 먼저 말의 표현을 바꾸기 위해 스스로 리프레임을 해야 한다. 오늘 하루, 부모의 한마디가 아이의 하루를 바꾸는 출발점이 되기를 바란다.

1장
대화는 아이의
생각을 자라게 한다.

생각이 자라는 사고력을 여는 대화

아이는 부모의 질문 속에서 생각하는 방법을 배운다. 단순히 "숙제는 했니?"라고 묻는 대화는 점검을 위한 분위기이지만, "오늘 배운 것 중에서 가장 흥미로웠던 건 뭐였어?"라는 표현은 아이의 생각을 열도록 만든다. 부모의 말 표현 하나가 아이의 사고력을 닫게 할 수도 열게 할 수도 있는 것이다.

부모: "오늘 수업 중에 가장 흥미로웠던 건 뭐였어?"
아이: "역사 시간에 조선 시대 왕 이야기요."

부모: "그중에서 네가 가장 인상 깊었던 인물은 누구야?"

아이: "세종대왕이요. 백성을 위해 글자를 만들었잖아요."

부모: "그렇구나. 네가 세종이었다면, 어떤 일을 더 하고 싶었을까?"

이 대화는 사고의 확장을 의미하는 대화이다. 아이의 머릿속에서는 이미 "생각의 연결"이 일어나고 있다. 부모가 일방적인 질문을 하는 대신 아이의 생각을 자극하는 대화를 시작 할 때, 아이는 지식을 넘어서 사유하는 힘을 배우게 된다.

나를 바라보는 성찰을 이끄는 대화

하루를 돌아보는 대화는 단순한 일상 대화처럼 보이지만, 사실은 아이의 자기 성찰 능력을 길러주는 매우 중요한 과정이다. 자신의 하루를 자기만의 언어로 정리할 수 있는 아이는 자신의 감정을 이해하고 자신의 성장을 자연스럽게 인식하게 된다.

부모: "오늘 하루를 한 단어로 표현한다면 뭐가 떠올라?"

아이: "도전이라는 단어요. 영어 수행 평가로 단어 시험을 봤는데 어려웠어요."

부모: "도전 아리는 단어가 멋지다. 어려웠지만 포기하지 않은 게 대단하네."

아이: "그래도 단어를 많이 외웠기 때문에 쓰기는 다 썼어요."

부모: "그게 바로 너만의 힘이야. 결과보다 과정이 더 중요하지."

짧은 대화지만 아이는 오늘 하루를 되돌아보며, 자신이 어떤 감정을 느꼈고, 어떤 노력을 했는지 정리하게 된다. 이렇게 '말로 정리하는 힘'이 바로 성찰의 시작이다. 부모는 정답을 요구하기보다 오늘 나의 모습을 묻는 대화로 아이가 자신을 인식하게 도와주면 된다.

마음을 표현하는 감정을 여는 대화

감정을 말로 표현하는 능력은 정서적 안정의 첫걸음이다. 하지만 많은 아이들이 "괜찮아요.", "몰라요."라는 말 뒤에 자신의 진정한 감정을 숨기며 살고 있다. 부모의 공감 대화는 이러한 감정의 문을 부드럽게 열어준다.

부모: "오늘 기분을 색깔로 표현한다면 무슨 색일까?"

아이: "주황색요. 친구랑 장난치다가 많이 웃었어요."

부모: "그래, 주황색 하루였구나. 밝고 따뜻했겠다."

부모: "혹시 아쉬운 순간도 있었을까?"

아이: "국어 시험에서 틀린 문제가 있어요. 좀 속상했어요."

부모: "속상했겠네. 그 마음을 이야기해 줘서 고마워."

이 대화는 아이의 감정을 분석하는 것이 아니라, 감정을 수용하는 대화라고 보아야 한다. 부모가 감정을 평가하거나 상황을 판단하지 않고 들어줄 때 아이는 감정을 안전하게 표현하는 법을 배운다. 이 방법은 아이의 불안과 분노를 조절하는 데 도움이 된다.

존재를 세우는 자존감 대화

아이의 자존감은 부모의 칭찬보다 존중에서 자란다. 부모의 말이 지시가 아닌 존중의 표현이 될 때 아이는 '나는 괜찮은 존재구나'라는 감각을 배운다.

부모: "오늘 스스로 대견하다고 느낀 일은 뭐였어?"

아이: "혼자서 문제집 한 단원을 다 풀었어요."

부모: "우와, 정말 대단하다. 정말 멋지다. 네 힘으로 끝

냈다는 게 중요하지."

부모: "오늘 고마웠던 순간은 있었니?"

아이: "친구가 노트 빌려줬을 때요."

부모: "그런 친구가 있다는 게 복이구나. 너도 다른 아이들에게 그런 친구겠지?"

존중의 대화는 아이에게 "나도 누군가에게 의미 있는 사람이구나."라는 메시지를 준다. 부모가 아이의 부족한 점을 고치려 하기보다 성장한 점을 발견할 때, 아이는 자신을 신뢰하고 다시 도전하게 된다. 결국 자존감은 성취보다 '존중의 경험'으로 자라는 것이다.

선택하고 책임지는 주도성 대화

아이의 주도성은 '스스로 결정하는 경험'에서 생긴다. 부모가 대신 계획을 세우면 잠시 편할 수는 있겠지만, 아이의 책임감은 성장하지 않는다. 대신에, 아이에게 질문하고 답을 기다려주는 대화가 아이의 자기 결정력을 키우게 된다.

부모: "내일 네가 직접 정할 수 있다면, 무엇부터 해보고 싶어?"

아이: "영어 단어를 아침에 외워볼래요."

부모: "좋은 생각이야. 그걸 네가 정했다는 게 대단하구나."

부모: "이번 주엔 어떤 계획을 네가 세워보고 싶어?"

아이: "토요일에 영어 복습 시간을 만들어볼래요."

부모: "좋아. 그 계획을 스스로 세웠다는 게 이미 시작이야."

스스로 선택한 일에는 책임이 따른다. 이런 분위기의 대화는 아이에게 '선택의 힘'을 가르친다. 부모는 완벽한 결과보다 아이의 결정을 존중하며 '나는 너의 선택을 믿는다'라는 메시지를 주어야 한다.

대화는 아이의 내면을 여는 문이다. 좋은 대화는 가르침이 아니라 기다림의 언어로 만들어진다. 아이의 사고를 자극하고, 감정을 다독이며, 주도성을 일깨우는 대화는 아이에게 '스스로 살아가는 힘'을 길러준다.

[사고력을 키우는 대화]

부모: "오늘 수업 중에서 가장 흥미로웠던 주제는 뭐였어?"

아이: "음… 3교시 과학 시간에 달의 그림자 변화를 배웠어요."

부모: "달의 그림자라, 신기하네. 어떤 점이 재미있었어?"

아이: "그림자가 하루마다 모양이 조금씩 바뀌는 게 신기했 어요."

부모: "그렇구나. 만약 네가 선생님이라면, 그걸 친구들에 게 어떻게 설명해 줄거니?"

아이: "그림을 직접 그려서 보여주면 이해가 잘될 것 같아요."

부모: "좋은 생각이야. 스스로 그림으로 설명하면 훨씬 오 래 기억될 거야. 배운 걸 다시 표현하는 건, 네 머릿속 에서 한 번 더 정리하는 과정이거든."

아이: "그럼 내일은 직접 달 모양을 그려서 보여드릴게요!"

부모: "좋아, 그게 바로 네 생각을 자신의 언어로 바꾸는 연 습이야. 멋지다."

　　의도 이 대화는 '지식의 복습'이 아니라 '사고의 확장'을 목 표로 한다. 아이에게 단순히 '배운 내용'을 묻는 대 신, "무엇이 흥미로웠는가 ➡ 왜 흥미로웠는가 ➡ 어떻게 표현할 수 있을까"의 순서로 질문을 이어가면 아이의 생각이 기억 수준에서 창의적 사고 수준으로 이동한다.

[자기 성찰을 돕는 대화]

부모: "오늘 하루를 한 단어로 표현한다면 어떤 단어가 떠오르니?"

아이: "음… '도전'이요. 영어 단어 시험이 생각보다 어려웠거든요."

부모: "그 단어 참 좋다. '도전'이라니 그 말속에 오늘 너의 노력이 다 담겨 있네."

아이: "사실 중간에 포기하고 싶었는데 끝까지 해봤어요."

부모: "그게 정말 멋지다. 결과가 어땠는지는 중요하지 않아. 스스로 포기하지 않았다는 게 이미 오늘의 성취야."

부모: "그럼 오늘 하루 중에 네가 제일 잘했다고 느낀 순간은 뭐였을까?"

아이: "단어 하나도 몰랐는데, 계속 쓰고 말하면서 외운 거요. 조금씩 익숙해지는 게 느껴졌어요."

부모: "그 순간을 느꼈다는 게 대단하다. 그게 바로 성장의 증거야. 매일 조금씩 나아지는 걸 알아차리는 게 진정한 공부거든."

아이: "그래서 오늘은 피곤했지만 뿌듯했어요."

부모: "좋아. 피곤함 뒤에 뿌듯함이 남는 하루라면 그건 이미 충분히 의미 있는 하루야."

의도 이 대화는 아이가 하루의 경험을 되돌아보고 스스로 의미를 찾아내는 힘을 길러주는 과정이다. 부모가 "오늘 뭐가 제일 힘들었어?"처럼 감정 중심으로만 묻는 대신, '느낌 ➡ 행동 ➡ 배움 ➡ 의미'로 이어지는 구조로 질문하면 아이는 자신의 하루를 단순한 사건의 연속이 아니라 '배움의 이야기'로 재구성하게 된다.

[감정을 표현하게 하는 대화]

부모: "오늘 하루를 날씨로 표현한다면 어땠을까?"

아이: "음… 약간 흐림이요. 나쁘진 않았는데 좀 피곤했어요."

부모: "그랬구나. 흐린 날도 괜찮지. 그런 날이 있어야 햇살도 반가우니까."

부모: "그럼 오늘 마음이 가장 맑았던 순간은 언제였을까?"

아이: "점심시간이요. 친구들이랑 웃으면서 이야기할 때요."

부모: "그 순간이 참 좋았겠다. 즐거웠던 순간이 있었구나."

부모: "혹시 마음이 조금 답답했던 순간도 있었어?"

아이: "수학에서 대단원 문제를 풀었는데 뒷번호 문제를 틀려서 속상했어요."

부모: "그럴 수 있지. 속상한 마음도 네 하루의 한 부분이야. 그걸 말로 표현한 게 벌써 대단한 거야."

의도 이 대화는 단순한 감정 묘사를 넘어 자신의 감정을 인식 ➡ 언어로 표현 ➡ 공감으로 수용하는 3단계의 정서 코칭 흐름을 담고 있다. 부모가 "왜 그랬어?" 대신 "어떤 느낌이었어?"라고 묻는 순간, 아이의 마음은 방어에서 표현으로 이동한다. 감정을 표현하는 경험은 감정 조절 능력을 키우고, 자기 이해의 뿌리를 형성하게 된다.

[자존감을 세우는 대화]

부모: "오늘 네가 스스로 대단하다고 느낀 일은 뭐야?"

아이: "음… 아침에 늦지 않으려고 혼자 일어났어요."

부모: "그게 정말 쉽지 않은 일인데 잘했구나. 누가 시켜서가 아니라 스스로 한 거잖아. 그게 정말로 멋진 거야."

아이: "요즘은 알람 울리면 바로 일어나려고 해요."

부모: "그걸 네가 스스로 관리한다는 게 정말 대단해. 그 습관이 쌓이면 어떤 일이든 해내는 힘이 생길 거야."

부모: "오늘 학교에서 고마웠던 사람은 있었어?"

아이: "친구가 수학 숙제를 도와줬어요. 모르는 문제를 같이 풀었거든요."

부모: "그랬구나. 좋은 친구네. 그 친구 덕분에 기분이 어땠어?"

아이: "기뻤어요. 덕분에 학원 숙제를 다 끝냈어요."

부모: "그 친구가 너한테 그런 도움을 준 것처럼, 너도 누군가에게 그런 힘이 될 수 있을 거야. 고마운 마음을 느끼는 것도, 또 누군가에게 나누는 것도 둘 다 참 아름다운 일이야."

아이: "그럼 내일은 나도 친구한테 도와줄 일이 있을 때 바로 해야겠어요."

부모: "그 마음이 벌써 자라는 거야. 자신을 믿고, 다른 사람에게도 힘이 되는 네 모습이 자랑스럽다."

의도 이 대화는 아이에게 '나는 의미 있는 존재다'라는 확신을 심어주는 과정이다. 자존감은 단순히 '잘했다'라는 표현에서만 자라지 않는다. 자기의 행동을 스스로 긍정하고, 누군가에게 기여하고 있다는 경험을 통해 더욱 깊어지게 된다. 아이의 자존감은 부모의 한 문장, "너답게 행동 해도 괜찮아."라는 말 한마디에서 싹트기 시작한다.

[주도성을 키우는 대화]

부모: "내일 네가 스스로 결정할 수 있다면, 무엇부터 해보고 싶어?"

아이: "음… 영어 단어 외우는 시간을 제가 정하고 싶어요."

부모: "좋은 생각이야. 네가 정한 시간이라면 훨씬 잘 지켜질 거야. 왜 그 시간이 좋다고 생각했어?"

아이: "저녁에 하면 피곤해서 잘 안돼요. 아침에 하면 머리가 맑아서 더 잘 외워지는 것 같아요."

부모: "그걸 스스로 알아챘구나! 자기한테 맞는 방법을 찾는 게 공부의 첫걸음이야. 그 선택이 바로 네 계획의 시작이야."

부모: "이번 주엔 네가 직접 계획하고 싶은 일은 뭐가 있을까?"

아이: "토요일 오전에 국어 복습 시간을 만들어보고 싶어요. 시험이 다가오니까 미리 정리하고 싶어요."

부모: "좋은 계획이네. 토요일 복습 시간은 몇 시쯤이 좋을까?"

아이: "오전 10시요. 점심 먹기 전에 하면 집중이 잘될 것 같아요."

부모: "멋지다. 그 계획을 네가 세웠다는 게 이미 시작이야. 완벽하게 하는 게 아니라, 스스로 만든 약속을 지켜

보는 게 중요해.”

아이: “그럼 내일 아침부터 바로 해볼게요.”

부모: “좋아. 네가 정한 길이라서 더 오래 갈 거야. 엄마는 네가 스스로 길을 만들어가는 걸 응원할게.”

의도 이 대화는 아이에게 ‘결정의 주도권을 돌려주는 경험’을 주기 위한 것이다. 주도성은 ‘스스로 선택하고 책임지는 과정’에서 생기며, 부모가 대신 정해주는 순간 사라진다. 아이는 자신이 선택한 행동에 책임을 느끼고, 그 결과를 직접 경험하면서 진정한 성장을 이루게 한다. 부모의 말 한마디가 아이에게 ‘나는 할 수 있다’라는 내면의 힘을 성장하게 한다.

 **TIP** 실천팁

[대화를 '습관'으로 만드는 6가지 방법]

① 한 번에 여러 질문을 하지 말자.

한 번에 한 문장만 선택하자. 대화의 깊이는 질문의 양으로 만들어지지 않는다.

② 침묵을 두려워하지 말자.

아이가 잠시 말이 없을 때, 기다려주는 5초가 아이에게는 '생각할 시간'이 된다.

③ 대답이 짧더라도 판단하지 말자.

"그랬구나.", "좋은 생각이야." 이런 말 한마디가 아이의 말을 이어가게 한다.

④ 대화의 공간을 따뜻하게 만들자.

식탁이나 거실, 이동 중 차 안처럼 긴장감이 덜한 공간에서 대화가 잘 진행된다.

⑤ 부모의 감정도 점검하자.

부모의 마음이 평온할 때 시작하는 것이 좋다. 부모 자신의 감정을 먼저 알아차리자.

⑥ 아이의 대답을 간단히 메모하자.

'오늘의 한 문장'을 기록하면 그것이 곧 관계의 일기가 된다.

2장
"너 왜 그랬어?" 대신
"다시 해본다면?"

말 한마디가 아이의 실패를 정의한다.

시험을 망친 날, 준비물을 잊은 날, 친구와 다투고 돌아온 날이면 부모는 마음이 급해진다. 아이에게 '왜 그랬는지 이유만 알면 다시는 이런 일이 없을 텐데…'라고 말하고 싶지만 안타깝게도 입 밖으로 나오는 말은 언제나 같다. "너, 왜 그랬어?"

그 말은 원인을 알고 싶은 호기심에서 시작되지만, 아이의 마음에는 비난처럼 꽂힌다. 잘못을 되짚어 묻는 순간, 아이는 자신을 '문제를 일으키는 존재'로 느낀다. "나는 오늘 또 혼났다.", "나는 늘 모자라는구나."라고 생각한다. 그 감정이 쌓일수록 아이는 변명하거나, 침묵하거나, 회피하게 된다. 부모와의 대화는 닫히게 되고, 마음은 더 멀어져만 간다.

그러나 부모의 마음은 그렇지 않다. 아이의 성장을 돕고 싶은 마음, 다시 실수하지 않길 바라는 마음인 것이다. 문제는 진심의 유무가 아니라 표현의 방법이다. 같은 상황에서도 "왜 그랬어?"라는 말은 과거를 향하고, "다시 한다면 어떻게 하고 싶어?"라는 말은 미래를 향하는 차이점이다. 전자는 잘못을 추궁하고, 후자는 가능성을 묻게 되는 질문이 된다. 한 문장만 달라져도 대화의 공기가 달라진다. 실패가 낙인이 아닌 배움의 흔적으로 남게 되는 순간이다.

비난형 언어 vs 성장형 언어

비난형 언어는 아이의 잘못을 '태도'로 해석한다. "정신이 왜 이렇게 산만하니?", "생각 좀 하고 행동해라." 하지만 이런 말은 아이의 행동 자체가 아니라 아이의 존재 전체를 평가하게 된다. 물론 잘못을 고치려는 의도이지만, 결과적으로 보면 아이는 자신을 부족한 사람으로 느끼게 된다. 부모의 지적은 기억에 남지만, 부모의 의도한 교훈은 남지 않는다. 안타깝게도 아이는 자신을 방어하거나 숨게 될 뿐이다.

반대로 성장형 언어는 아이의 행동을 배움의 과정으로 해석한다.

"다시 기회가 온다면 어떤 선택을 해보고 싶어?"

이런 질문은 자신이 행동한 실패를 책임이 아닌 가능성으로 전환하는 힘을 느끼게 한다. 아이가 성찰의 자리에 서도록 도와주는 것이다. 더불어 부모가 답을 정해두지 않고 기다려주는 태도는 아이의 마음에 신뢰의 싹을 틔운다. "나는 실수해도 괜찮은 존재야." 이런 확신이 생길 때, 아이는 무언가를 다시 시도할 용기를 얻는 것이다.

중간고사를 망친 후 어느 날, 중학교 3학년 남학생 민재는 학교에서 받은 성적표를 조용히 자기의 가방에 넣고 집으로 향했다. 성적표를 보자마자 엄마가 물었다. "이게 뭐야? 공부를 안 하니까 그렇지! 도대체 왜 그렇게 했어?" 엄마의 날카로운 질문에 민재는 입술을 깨물며 아무 말도 하지 않았다. 자신의 잘못보다 엄마의 실망이 더 무겁게 다가왔기 때문이다. 그날 밤, 민재는 책상 앞에 앉아서 공부해야 하지만 학원 교재를 펴지 못했다. 공부를 다시 해도 달라질 게 없을 것 같기 때문이다. 얼마 후 기말시험을 앞두고, 엄마는 말의 표현을 바꾸기로 했다.

"지난번 수학 시험에서 네가 가장 아쉬웠던 부분은 뭐야?"

"다시 준비한다면 어떤 방법을 써보고 싶어?"

민재는 잠시 망설이다가 말했다. "지난번에는 시간이 부족했어요. 다음에는 쉬운 문제 먼저 풀고 어려운 문제는 표시하고 나중에 풀고 싶어요. 그러면 문제 푸는 시간은 조금 여유 있을 것 같아요." 엄마는 고개를 끄덕였다. "그래, 좋은 생각이네. 지난번 시험 경험 덕분에 더 좋은 방법을 찾았구나." 그날 밤 민재는 스스로 계획표를 다시 써 내려갔다. 같은 실수였지만, 엄마와 대화 내용이 달라지면서 다행히 기말시험 결과도 이전과 다르게 향상되었다. 실패는 끝이 아니라, 성장의 이정표가 된 것이다.

실패를 성장 자원으로 바꾸는 법

목표한 바에 도달하지 못하는 '실패'는 누구에게나 찾아온다. 중요한 것은 그 경험을 어떻게 바라보느냐이다. 부모가 "이건 네가 부족해서 그래."라고 말하면 실패는 아이의 결함으로 고정된다. 하지만 "이번 일에서 배운 게 있을 거야."라고 말하면 실패는 배움의 과정으로 기록된다. 아이가 넘어졌을 때 손을 잡아 일으켜주는 것처럼, 실패의 순간에도 부모가 사용하는 언어가 손의 역할이 되어야 한다. 부모의 말이 "괜찮아, 다시 하면 돼."가 될 때 아이는 '다시 시작할 수 있는 사람'으로 자기를 인식하고 바라보는 것이다. 이러한 인식이 곧 회복탄력성의 씨앗이 되는 것이다.

실패를 성장 자원으로 만들기 위해서는 다음의 세 가지 단계가 필요하다.

① 감정을 인정하고
② 질문으로 사고를 열고
③ 다음 행동을 스스로 결정하게 해야 한다.

이 세 단계가 반복될 때, 아이는 실패를 두려워하지 않게 된다. 넘어져도 다시 일어설 힘은 비난이 아니라 존중에서 자란다는 사실을 잊지 말아야 한다.

다시 시작할 용기를 주는 말

질문보다 먼저 필요한 건 공감이다.
"속상했겠다."
"매우 아쉬웠겠네."
이 한마디가 아이의 방어기제를 풀어주게 된다. 자신의 감정이 받아들여질 때, 아이는 마음의 문을 열게 된다. 공감은 생각의 문을 여는 첫 번째 열쇠다. 공감 ➡

질문 ➡ 행동의 흐름이 쌓이면 아이는 점점 자기 삶의 주인이 된다. 감정을 이해받은 경험은 아이의 내면에 "나는 지금 안전하다."라는 믿음을 심어준다. 그 믿음이 곧 학습의 동력이 된다.

목표를 이루지 못하고 실패했다고 무엇이 바로 끝나는 것은 아니다. 그 안에는 배움이 숨겨져 있다. 부모의 말이 그 배움을 발견하게도 하고, 가리기도 한다. "너 왜 그랬어?"라는 질문은 과거에 머무는 말이다. "다시 한다면?"이라는 질문은 미래를 여는 말이다. 언어의 방향이 곧 아이의 성장 방향인 것이다.

오늘 밤, 아이가 실수 이야기를 꺼낸다면 이렇게 말해보자.

"괜찮아. 이번 경험이 너를 더 성장시킬 거야."

이 말이 아이의 내일을 바꾸는 첫걸음이 될 것이다.

3장
아이 눈빛을 바꾸는
"할 수 있다"

부모의 시선이 아이의 눈빛을 만든다.

아이의 눈빛은 말보다 먼저 마음을 보여준다. 어떤 날은 반짝이며 "나도 할 수 있어!"라는 메시지를 보내고, 어떤 날은 흐릿하게 "나는 아무래도 안 될 것 같아…"라고 자신에게 속삭인다. 그 눈빛은 단지 성적의 반영이 아니라, 부모의 시선이 비친 거울이다. 부모가 아이를 가능성의 존재로 바라볼 때, 아이는 자신을 믿기 시작한다.

반대로, 부모가 부족함만 지적할 때 아이는 점점 자신을 결핍된 존재로 느낀다. 아이의 눈빛을 바꾸는 첫걸음은 "부모의 말이 거울이 된다"라는 사실을 자각하는 것이다.

심리학자 앨버트 반두라(Albert Bandura)[2] 는 자기효능감을 바람직한 효과를 산출하는 행동을 성공적으로 수행할 수 있다는 개인의 신념이라고 정의했다. 이 신념은 결과가 보장되지 않아도 다시 시도하게 하고, 실패 속에서도 회복하게 만든다. 자신감과는 구분되는 개념이다.

특히 사춘기 아이에게 이 신념은 감정의 폭풍 속에서도 방향을 잃지 않게 하는 나침반과 같다. 부모의 언어는 아이의 이 믿음에 직접적인 영향을 미친다. "왜 이렇게밖에 못했니?"라는 말은 아이의 시선을 '결과'에만 고정하게 하지만 "이번 경험에서 배운 게 뭐였니?"라는 질문은 시선을 '과정'으로 돌린다. 아이는 과정을 존중받을 때, 아이는 자신이 성장하고 있음을 느낀다. 그때 "할 수 있다"라는 믿음이 마음속에 뿌리내린다.

언어의 프레임 전환

언어는 사고의 틀을 확정하지는 않지만, 사고의 방

---

2) 앨버트 반두라(Albert Bandura, 1925년 12월 4일 - 2021년 7월 26일)는 미국의 심리학자로 사회학습이론의 주창자이며 현대 교육심리학 분야의 석학이다. https://ko.wikipedia.org/wiki/앨버트 반두라

향을 형성하는 중요한 요소이다. "넌 왜 이렇게 산만하니?"라는 말은 결핍의 프레임을 강화한다. 그 말 한마디가 아이의 자아개념을 '부족한 사람'으로 고정한다. 하지만 "오늘 집중했던 순간이 있었지? 그때가 언제였니?"라고 묻는다면 아이의 뇌는 자신의 '가능성'을 탐색하게 된다.

부모가 사용하는 언어가 부족함을 찾는 질문에서 가능성을 확인하는 질문으로 바뀌는 순간, 아이는 자신이 이미 가진 힘을 발견한다. 이 작은 전환이 자기효능감의 불씨를 살리는 결정적 순간이 될 수 있다.

아이의 내면을 단단하게 만드는 말은 단순하다. 결과를 평가하기보다, 노력과 과정을 구체적으로 인정하는 것이다.

"점수는 아쉽지만, 끝까지 포기하지 않고 풀었잖아."

"이번엔 틀렸지만, 네가 시도한 방법이 참 좋았어."

"오늘 계획한 시간에 책상 앞에 앉은 것만으로도 대단해."

이런 말은 아이에게 '나는 성장하고 있다'라는 확신을 준다. 부모가 사용하는 긍정 언어는 실패를 부끄러움이 아닌 배움의 일부로 바꾼다.

감정 인정 ➡ 가능성 질문 ➡ 행동 설계

효과적인 부모 코칭 대화는 다음의 세 단계로 이뤄진다. 이 3단계 대화는 단순해 보이지만 효과는 강력하다.

① **감정 인정**: "속상했겠구나." ― 아이의 감정을 수용하면 마음의 문이 열린다.
② **가능성 질문**: "다시 한다면 어떤 부분을 바꾸고 싶어?" ― 사고가 확장된다.
③ **행동 설계**: "그 방법을 내일 바로 시도 해볼까?" ― 주도적 실천이 시작된다.

부모가 대신 답을 주지 않고 아이 스스로 감정-사고-행동의 흐름을 설계할 때, 아이의 자기효능감은 자라나고 눈빛은 다시 반짝이게 된다.

상황별 대화 예시

① 성적이 기대에 미치지 못했을 때

부모: "이번 시험은 점수가 아쉬웠지?"
아이: "네… 계산 실수가 많이 있었어요. 생각보다 어렵더라고요."

부모: "그래, 실수했을 땐 누구나 속상하지. 하지만 마지막 24번 문제까지 풀어보려 노력했다는 게 중요해. 중간에 포기하지 않았잖아."

아이: "그래도 시험 시간에 너무 긴장돼서 손이 떨렸어요."

부모: "그럴 때가 있지. 긴장도 네가 최선을 다했다는 증거야. 이번 경험에서 제일 아쉬웠던 건 뭐였을까?"

아이: "시간을 잘 못 조절했어요. 뒤에 있는 문제는 급하게 풀었어요."

부모: "좋아, 이미 원인을 잘 알고 있구나. 그럼, 다음에는 어떤 방법으로 바꿔 볼 수 있을까?"

아이: "문제 푸는 시간을 확인하면서 연습해 볼게요. 학원에서 하는 모의시험처럼 한 문제를 3분 안에 푸는 연습을 매일 조금씩 하려고요."

부모: "아주 구체적이네! 그 계획이라면 분명 더 좋아질 거야. 실수를 발견한 것도 큰 배움이야."

아이: "이번엔 아쉬웠지만, 다음 시험은 좀 더 자신 있게 볼 수 있을 것 같아요."

부모: "그 마음이면 충분해. 다음 시험에는 '성장'을 목표로 집중해 보자."

의도 아이가 느낀 감정(아쉬움, 긴장)을 충분히 표현하게 하고, 부모는 원인 탐색 ➡ 해결 방향 설정을 돕는다. "다음엔 더 잘하자" 대신 "다음엔 구체적으로 이렇게 시도해 보자"로 구체화하여 자기 조절 전략을 강화하게 한다.

② 실패로 낙심한 아이에게

부모: "속상했겠구나."

아이: "네… 열심히 했는데 결과가 잘 안 나왔어요."

부모: "그래, 그럴 수 있지. 결과가 원하는 만큼 나오지 않으면 누구라도 실망하지. 그런데 이번 과정에서 네가 새롭게 알게 된 건 뭐였을까?"

아이: "음… 문제를 너무 빨리 풀면 실수가 많아진다는 걸 알았어요."

부모: "그게 정말 중요한 발견이구나. 네가 직접 알아낸 거잖아."

아이: "다음엔 시간을 나눠서 풀어보려고요."

부모: "좋은 생각이야. 방법을 바꿔 보겠다는 그 마음이 이미 성장의 시작이야."

아이: "이번엔 아쉽지만, 다음엔 조금 더 잘할 수 있을 것 같아요."

부모: "그래, 결과보다 과정에서 배우는 게 진정한 공부지. 그 마음을 잃지 않으면 어떤 일도 다시 해낼 수 있어."

감정을 먼저 인정하고, 실패를 학습의 재료로 전환하게 돕는다. 아이 스스로 깨달음을 자기의 언어로 정리하게 함으로 자기효능감을 회복시키는 대화 구조이다.

③ 작은 성취를 발견할 때

부모: "오늘은 계획한 시간에 바로 공부 시작했더라."

아이: "조금만 했어요. 한 시간도 안 됐어요."

부모: "그렇지만 스스로 시작했다는 게 얼마나 대단한 일인지 알아? 그 한 걸음이 네 루틴을 만드는 첫걸음이야."

아이: "그전에는 엄마가 계속 말해야 했는데, 오늘은 제가 그냥 하게 됐어요."

부모: "그게 바로 변화야. 스스로 움직였다는 게 중요하지."

아이: "그래도 아직 오래는 못 하겠어요."

부모: "괜찮아. 오래 하는 것보다 꾸준히 하는 게 더 힘든 일이야. 오늘 했던 걸 내일 또 반복하면 그게 습관이 될 거야."

아이: "음… 내일도 같은 시간에 해볼래요."

부모: "좋아, 네가 정한 그 약속을 지키는 게 진정한 공부야. 엄마는 네가 스스로 만들어가는 그 과정을

잘할 거라고 믿어."

의도 '양보다 꾸준함', '완벽보다 실천'을 강조하며
아이의 주도성을 강화한다. 부모의 인정이 아
이의 작은 행동을 '성취 경험'으로 바꿔, 자기
조절학습의 기초가 되도록 한다.

계획표, 점검표가 아닌 나침반이다.

계획표는 단순한 종이가 아니다. 그 위에 적힌 글자는 아이가 '오늘을 어떻게 살아갈지'를 보여주는 작은 나침반이다. 많은 부모는 "계획표를 만들어도 잘 지켜지지 않아요."라고 말하지만, 문제는 계획표 그 자체가 아니라 계획표를 대하는 시선에 원인이 있다. 계획표를 '해야 할 일의 목록'으로 보면 부담이 된다. 그러나 '내가 설계하는 하루의 지도'로 보면 의미가 달라진다. 계획표는 강요의 명령문이 아니라 주도적 선언문이 되어야 한다. 막연한 불안을 실행이 가능한 행동으로 바꾸게 한다.

계획은 완벽함을 증명하는 것이 아니라, '오늘을 살아내는 방향'을 잡아주는 나침반이다.

아이의 손으로 작성해야 계획에 힘이 생긴다.

부모가 대신 작성해 주는 계획표는 정리가 되어 보여도 그 안에는 힘이 없다. 그건 그저 부모가 하는 '지시의 흔적'일 뿐이다. 반면에 아이의 손끝에서 나온 글자는 '선언의 흔적'이 된다. 자신이 직접 무엇을 할지 기록할 때, 아이는 스스로에게 질문하게 된다.

"지금 나에게 중요한 일은 무엇일까?"

"어떤 순서로 하면 더 잘할 수 있을까?"

이 질문들이 쌓이면서 아이는 '시간을 관리하는 사람'에서 '시간을 설계하는 사람'으로 한 단계 훌쩍 성장한다. 부모의 역할은 대신 기록해 주는 것이 아니라,

"이번 주엔 어떤 일을 먼저 해볼래?"

"네가 정한다면 어떤 순서로 할까?"

이처럼 질문으로 사고를 이끌어주는 조력자가 되는 것이다.

작은 루틴이 큰 자신감을 만든다.

아이가 계획을 세웠는데 지키지 못했어도 괜찮다. 정말 괜찮다. 그 계획표는 실패의 흔적이 아니라 성장의 증거로 활용할 수 있기 때문이다. 아이가 실천하지 못한 이유를 탐색하는 과정에서 자신의 학습 리듬과 자기 인식이 자라게 된다. "왜 안 했어?"라는 말은 마음의 문을 닫지만, "어디가 가장 어려웠니?"라는 질문은 마음의 문을 열게 된다.

중요한 것은 완벽한 계획이 아니라, '계획 세우기 ➡ 실행하기 ➡ 점검하기 ➡ 수정하기'의 순환을 경험하는 것이다. 이 과정이 반복될 때 아이는 실패를 두려워하지 않고, 계획을 통해 스스로 리셋할 수 있게 된다. 실패한 계획표 한 장에도 배움의 포인트가 숨어 있는 것이다.

계획표는 거창한 목표를 적는 공간이 아니다. '하루 30분 영어 단어 외우기', '문제집 두 장 풀기'처럼 작은 약속이 쌓일 때 성취감이 자신감으로 이어진다. "나는 할 수 있다"라는 믿음은 결과가 아니라 '과정을 지켜낸 경험'에서 생겨난다. 부모가 "결과는 어땠어?" 대신 "오늘 계획을 지킨 너의 태도가 좋다."라고 말할 때, 아이의 자기효능감은 눈에 띄게 자란다. 계획표의 한 칸을 채워가는 과정 안에서 아이는 결과보다 약속을 지킨 나

자신을 신뢰하게 된다. 그 믿음이 곧 자기주도 학습의 원동력이다.

한 장의 계획표가 인생을 ReFrame한다.

계획표는 단순한 도구가 아니다. 부모가 어떻게 바라보느냐에 따라 '감시의 계획표'가 되기도 하고 '성장의 기록'이 되기도 한다. "계획표는 또 하나의 숙제"라는 생각을 "계획표는 나의 가능성을 확인하는 도구"로 생각을 바꾸면 아이의 태도와 감정이 달라진다. 한 장의 계획표는 아이의 시간 사용 습관, 자존감, 사고력을 함께 바꾸게 할 수 있다. 하루를 설계하는 힘이 일주일을 바꾸고, 일주일을 설계하는 힘이 결과적으로 아이의 삶 전체를 움직이게 된다.

중학교 2학년 민호는 늘 숙제를 미루다 잠들곤 했다. 부모가 "이번 주엔 네가 공부하는 순서를 정해보자."라고 말하자, 민호는 망설이다가 대답했다. "저녁 먹고 영어 단어를 먼저 외우고, 그다음에 국어 숙제를 할게요." 그 주에 민호는 처음으로 자신의 계획을 지켰다. "이 순서가 나한테 잘 맞아요." 이제 그 한 장의 계획표는 통제가 아닌, 자기 리듬을 찾는 도구가 되었다. 그의 눈빛엔 "나도 할 수 있다."라는 확신이 자리 잡게 되었다.

계획표는 완벽한 실천을 증명하는 종이가 아니다. 삶의 방향을 확인하고, 실행과 성찰을 반복하게 하는 나침반이다. 지키지 못한 계획도 괜찮다. 그 안에는 계획을 수정하고 실천하는 배움의 기회가 충분히 있다. 오늘 아이가 작성한 한 줄이 내일의 자신감을 만들고, 그 자신감이 결국 아이의 인생을 움직이는 힘이 된다.

[주간 계획표 예시] (아이와 함께 쓰는 워크시트)

요일	시간대	학습/ 활동 계획	실천 점검	질문 & 공감 메모
월요일	17:00~18:30	영어 단어 30개 외우기	☐ 완료 ☐ 미완료	
	20:00~21:00	수학 문제집 2장 풀기	☐ 완료 ☐ 미완료	
	21:30~23:00	사회 학습지 노트정리	☐ 완료 ☐ 미완료	
화요일	17:00~18:30	과학 단원 요약 정리	☐ 완료 ☐ 미완료	
	20:30~21:00	독서 30분	☐ 완료 ☐ 미완료	
	21:30~23:00	국어 문제집 소단원 구조화 정리하기	☐ 완료 ☐ 미완료	
⋮	⋮	⋮	⋮	⋮

요일	시간대	학습/ 활동 계획	실천 점검	질문 & 공감 메모
일요일	16:00~18:00	수학 오답 정리	☐ 완료 ☐ 미완료	
	20:00~21:30	영어 지문 외우기	☐ 완료 ☐ 미완료	
	22:00~23:00	국어 독후감 정리	☐ 완료 ☐ 미완료	
	23:00~24:00	한 주 돌아보기 & 다음 주 계획 수정	☐ 완료 ☐ 미완료	

5장
평생을 지탱하는 자존감

성적보다 오래가는 마음의 근력

아이의 진정한 성장은 학교 시험 점수보다 마음속 깊은 곳에서부터 자라난다. 성적은 계절마다 변하지만, 자존감은 평생을 버티게 하는 뿌리가 된다. 자존감이 높은 아이는 실패 앞에서도 자신을 부정하지 않는다. "이번엔 잘 안됐지만, 다시 하면 달라질 수 있어."라고 말할 줄 안다.

반면, 자존감이 약한 아이는 작은 실수에도 자신을 '못난 아이'로 규정한다. 부모가 줄 수 있는 최고의 선물은 명문대 합격증이 아니라, "너는 존재 자체로 소중해."

라는 믿음인 것이다. 그 한 문장이 평생의 심리적 면역력이 된다. 아이에게 필요한 건 완벽함이 아니라, 넘어져도 괜찮은 나를 믿는 힘인 것이다.

부모의 언어가 아이의 자존감을 만든다.

자아존중감의 준말로 대중화된 단어인 자존감은 자신감과는 다른 개념이다. 자신감이 '잘할 수 있다'라는 능력의 확신이라면, 자존감은 '잘하지 못해도 괜찮다'라는 자기 수용의 태도라 할 수 있다. 자신의 실수를 인정할 때 오히려 자존감은 단단해지게 된다. 기대보다 시험을 망친 아이에게 부모가 "다음엔 더 잘해야지."라고 말하면 아이의 마음에는 압박이 남는다.

그러나 "이번 시험 준비하면서 어떤 것들을 배웠니?"라고 묻는다면, 그 순간 실패는 배움의 문이 된다. 자존감은 완벽함의 결과로서가 아니라, 실패를 다시 시도할 용기로 바꾸는 과정에서 자란다. 아이가 넘어지지 않게 하는 힘이 아니라, 아이가 넘어져도 다시 일어나도록 하는 힘인 것이다. 부모의 말은 아이의 마음에 '해석의 틀'을 만들어 준다. 같은 실수를 해도 어떤 말을 듣느냐에 따라 아이의 자존감은 달라진다.

"왜 이렇게 틀렸니?" ➡ 결핍의 프레임

"어떤 부분이 가장 어려웠어?" ➡ 탐색의 프레임

언어의 방향이 바뀌면 아이의 생각도 바뀐다. 비난 대신 탐색, 실망 대신 격려가 필요한 것이다.

코칭형 대화 예시

부모: "결과는 아쉽지만, 이번에 새롭게 시도한 건 뭐였을까?"

아이: "시간을 조절하면서 공부해 봤어요."

부모: "좋은 방법이네. 그게 이번 주에 가장 큰 배움이구나."

이런 대화는 아이가 경험한 실패를 두려움이 아닌 성장의 과정으로 해석하게 한다. "다시 해보자."라는 말은 단순한 위로가 아니라 "나는 네 가능성을 믿는다."라는 메시지가 된다. 부모의 언어는 아이 마음속의 자기 해석력을 키우는 도구가 된다.

점수가 아니라 과정에 초점을

부모가 자주 하는 실수는 '성적=가치'로 여기는 것이다. 그러나 성적은 외부의 수치이고, 아이의 자존감은 내면의 해석이 된다. 성적이 자존감을 만드는 것이 아니라, 자존감이 성적을 버티게 만드는 것이다. 부모가 "점수가 올랐네, 잘했어!"라고 평가하는 말을 하는 대신 "시험 준비하는 네 태도가 대단했어."라고 과정을 인정하는 말을 할 때 아이는 결과보다 과정을 중요하게 여기는 방법을 배우게 된다.

효과적인 칭찬 원칙 3가지
① 결과보다 노력 칭찬 – "끝까지 집중했구나."
② 비교보다 변화 칭찬 – "어제보다 더 나아졌어."
③ 성공보다 시도 칭찬 – "새로운 방법을 적용해 본 게 멋지다."

이런 피드백은 '조건부 사랑'을 '존재의 존중'으로 바꾼다. 아이 스스로 "나는 괜찮은 존재야."라고 말할 수 있을 때, 그 마음이 곧 평생을 지탱하는 자존감의 뿌리를 만들게 된다.

실패는 멈춤이 아니라 성장의 문

우리의 삶은 성공보다 실패하는 시간이 더 많을 수밖에 없다. 아이에게도 중요한 것은 실패 경험 자체가 아니라 그 경험을 어떻게 해석하느냐에 따라 성장의 방향이 다르게 나타난다는 것이다.

"이렇게 해서 대학은 가겠니?"

"넌 왜 항상 게으르니?"

이런 말은 아이의 자존감을 뿌리째 흔들게 된다. 그러나, "이번 시험에서 무엇을 배웠니?"라는 질문은 실패를 탐구 가능한 하나의 경험으로 바꾸게 한다.

부모 코칭 대화 예시

부모: "이번엔 힘들었지. 그래도 스스로 얻은 게 있을까?"

아이: "조금만 더 일찍 준비했으면 좋았을 것 같아요."

부모: "좋은 깨달음이네. 다음 시험 때는 그렇게 준비해 보자."

이런 대화 속에서 아이는 "실패해도 괜찮다. 나는 다시 할 수 있다."라는 신념을 배우게 된다. 자존감은 실패를 피하는 힘이 아니라, 실패에 대응하는 방법을 설계하는 힘이 된다. 자존감은 부모가 남겨주는 보이지 않는 유산인 것이다. 성적은 한 시기에 기록되는 부분이지만, 자존감은 평생을 버티는 마음의 근력이 된다. 학교를 졸업하고 사회에 나가서도 자존감이 있는 아이는 좌절 앞에서도 방향을 잃지 않는다. 부모가 남길 수 있는 최고의 유산은 재산이 아니라, "나는 괜찮은 사람이다."라는 마음의 문장이다.

오늘 부모의 한마디가 아이의 평생을 지탱하는 힘이 된다. "점수는 변해도, 너의 가치는 변하지 않아." 이 말이 아이의 마음속에서 오랫동안 울릴 것이다. 자존감은 부모의 말투에서 시작된다. 부모가 바뀌면 대화가 달라지고, 대화가 달라지면 아이의 마음이 달라진다. 그 말 한 문장이, 아이의 평생을 지탱하는 힘이 된다.

[자존감 언어 10문장]

1. 관계를 여는 말

① "넌 잘해야 사랑받는 게 아니야. 그냥 너라서 소중해."　[　]

➡ 존재 중심의 사랑을 표현한다. 아이는 '결과보다 관계'의 안정감을 느낀다.

② "실수해도 괜찮아. 그게 배우는 과정이야."　[　]

➡ 완벽주의보다 성장 중심의 태도를 심어준다.

2. 대화로 이끄는 말

③ "오늘 하루 중 가장 마음에 남은 순간은 뭐였어?"　[　]

➡ 대화의 초점을 결과에서 경험으로 이동시킨다.

④ "그 일에서 네가 새롭게 배운 건 뭐야?"　[　]

➡ 실패를 탐색의 기회로 바꾸는 사고 습관을 돕는다.

3. 칭찬을 바꾸는 말

⑤ "점수보다 네가 끝까지 해낸 태도가 멋지다."　[　]

➡ 성과보다 노력 중심의 피드백을 전한다.

⑥ "어제보다 나아진 부분이 분명 있더라."　　　[　]

　➡ 비교가 아닌 자기 성장을 인식하게 한다.

⑦ "네가 시도한 방법이 참 좋았어."　　　　[　]

　➡ 아이의 선택과 사고 과정을 존중하는 말이다.

4. 회복을 돕는 말

⑧ "이번엔 아쉬웠지만, 다시 해볼 힘이 너에겐 있어." [　]

　➡ 낙심보다 회복의 에너지를 키운다.

⑨ "실패는 나쁜 게 아니라, 다음 방법을 찾는 신호야." [　]

　➡ 실패를 두려움에서 탐구로 바꿔준다.

5. 실천을 격려하는 말

⑩ "오늘 한 걸음이 내일의 너를 만든다. 작아도 괜찮아." [　]

　➡ 행동의 지속성과 자기효능감을 함께 북돋는다.

매일 한 문장 선택법: 하루 한 문장만 실천하고, 아이의 반응을 기록하세요.

대화 일기 병행법: "오늘은 3번 문장을 써봤다"처럼 간단히 기록하며 부모 언어의 변화를 관찰하세요.

4부

스스로 공부하는 집

가정이 곧 최고의 학습 코칭 공간

아이의 하루 중 가장 오래 머무는 곳은 어디일까?

많은 부모는 학교나 학원을 먼저 떠올리지만, 아이가 가장 오랜 시간을 보내는 곳은 단연 집이다. 집은 단순히 쉬는 공간이 아니라 아이의 정서가 형성되고, 태도가 자라며, 습관이 만들어지는 뿌리인 것이다. 아이가 학교에서 겪는 성공과 실패를 해석하는 방식도, 결국 집에서 부모에게 배운 사고의 틀 안에서 이루어진다.

그러나 우리는 종종 이 중요한 '공간적 의미'를 잊고 지낸다. 어느덧 아이의 방은 점검의 장소가 되고, 식탁은 평가의 자리로 변해만 간다. 부모는 아이가 숙제를 다 했는지, 계획표를 지켰는지, 성적이 오르고 있는지를 확인하느라 분주하다. 그러는 사이에 정작 중요한 질문 하나를 놓친다. "이 집은 아이에게 어떤 의미일까?" 집은 검사의 공간이 아니라 회복의 공간이어야 한다. 아이가 하루의 피로를 내려놓고, 실패 앞에서도 다시 시도할 용기를 얻는 곳, 부모의 눈빛에서 신뢰를 배우는 곳이 되어야 한다.

이제는 관점을 바꿔야 한다. 학교 성적이라는 '결과'에서 벗어나, 아이가 어떤 삶을 살아가고 있는지 '과정' 전체를 바라보는 것으로 전환해야 한다. 다시 말해 리프레임(ReFrame) 생각의 전환이 필요한 때다. 집을 아이의 성적을 점검하는 또 다른 교무실로 볼 것인가, 아니면 삶을 설계하는 의미 있는 장소로 볼 것인가?

이 책의 마지막 4부는 그 전환의 여정을 함께 걸어가고자 한다. 짧은 대화 한마디, 식탁 위의 질문 하나, 부모의 표정과 말투가 바뀌는 순간, 집은 단순한 생활 공간이 아니라 아이의 내일을 설계하는 최고의 코칭 공간이 된다. 밥상머리에서 건네는 짧은 질문 하나, 부모가 지켜주는 작은 일상의 습관 하나가 아이의 내일을 바꾼다. 4부는 그 실천을 위한 구체적 장면들을 안내할 것이다.

1장
"넌 어떤 사람이
되고 싶니?"

성적보다 중요한 질문

"이번 시험은 수학이 몇 점이야?" 부모가 무심코 질문하는 말 한마디는 아이의 마음에 깊은 그림자를 남긴다. 시험 점수는 숫자에 불과하지만, 그 숫자는 아이의 존재 전체를 평가받는 듯한 무게로 다가온다. 아이는 자신을 점수로 정의하게 되고, 결과가 좋을 땐 자신감을 가지지만, 실패하면 자존감마저 흔들린다.

공부는 단순한 성취가 아니라 삶의 일부임에도 불구하고, 점수는 아이의 세계를 너무 쉽게 규정한다. 그러나 "넌 어떤 사람이 되고 싶니?"라는 질문은 완전히 다른 문을 연다. 이 질문은 성적이 아니라 존재의 방향을 묻는 것이다. 아이의 내면 깊숙한 곳에 "나는 누구인가?", "나는 왜 공부하는가?"라는 물음을 심는다. 직업이나 목표는 시대에 따라 변할 수 있지만, '어떤 사람으로 살고 싶은가?'에 대한 대답은 삶의 중심을 세우는 기둥이 된다. 이 질문이 던져지는 순간, 아이는 점수를 위해 공부하는 존재가 아니라 자신의 삶을 설계하는 주체로 거듭나게 된다.

정체성이 학습의 이유가 된다.

정체성을 세운 아이는 목표 앞에서 흔들리지 않는다. "나는 책임감 있는 사람이 되고 싶다."라는 자기 정의는 "오늘 공부를 해야 하는 이유"로 자연스럽게 연결된다. 공부는 더 이상 외부의 지시에 의한 행동이 아니라 '내가 되고 싶은 나'를 위한 선택이 된다. 정체성을 가진 아이는 목표를 스스로 세우고, 실수를 경험하더라도 쉽게 포기하지 않는다. 점수의 높낮이에 따라 자신을 평가하지 않고, 과정에서 성장의 의미를 찾는다. 부모의 역할은 아이가 자신의 정체성을 잘 발견하도록 돕는 것이다. 그 시작은 결과 중심의 질문을 방향 중심의 질문으로 바꾸는 일에서부터 시작된다. "넌 왜 공부 안 해?"라는 말은 결핍을 상기시키지만, "넌 어떤 사람이 되고 싶니?"라는 질문은 가능성을 불러낸다. 결핍의 언어가 죄책감을 만든다면, 가능성의 언어는 동기를 만든다. 언어가 바뀌는 순간, 아이의 시선은 점수에서 자기 삶으로 이동한다.

중학교 2학년 남학생 준호는 시험 점수에 따라 하루 기분이 달라지는 아이였다. 90점을 받으면 웃었지만, 80점만 받아도 방으로 숨어버리고 나오질 않는다. 부모는 늘 "이번엔 왜 이 점수야?"라고 물었고, 대화는 금세 끝나버렸다. 그러던 어느 날, 아버지는 생각의 프레임을 바꿔서 다른 질문을 건넸다.

"준호야, 아빠는 네 시험 점수보다 네가 어떤 사람으로 자라가고 싶은지가 더 궁금해."

준호는 잠시 생각하다 대답했다. "책임감 있는 사람이요. 맡은 일은 끝까지 해내는 사람이요." 그날 이후 대화 내용이 달라졌다. 시험 결과를 확인하는 대신, "오늘 맡은 일을 끝까지 해냈니?", "책임감 있게 행동한 순간이 있었니?"라는 질문이 오갔다.

공부는 단순한 평가 대상이 아니라 책임감을 실천하는 과정으로 자리 잡았다. 준호의 성적은 서서히 올랐지만, 그보다 더 큰 변화는 준호의 멋진 눈빛이었다. 결과에 휘둘리지 않고 자신을 믿는 눈빛, 그것이 진정한 성장의 시작이었다.

밥상머리에서 시작하는 정체성 대화

밥상머리는 아이의 정체성이 자라는 작은 학교라고 생각할 수 있다. 아이의 정체성은 교실이나 상담실보다 먼저 식탁 위에서 자라기 때문이다. 가족이 함께 앉아 밥을 먹는 순간은 단순하게 식사만이 아니라 하루의 경험을 정리하고 서로의 생각을 나누는 삶의 수업 시간이 된다. 밥상머리는 아이에게 '나는 누구인가'를 배우는 최초의 교실이 된다.

음식보다 더 따뜻한 것은 부모의 시선이어야 하고, 말보다 오래 남는 것은 그 자리에서 나눈 대화의 기억이 되어야 한다. 식사 시간의 대화는 시간을 길게 마련할 필요는 없다. 짧게 단 몇 분이라도 충분하다.

"오늘 하루 중에서 너를 웃게 한 일은 뭐였어?"

"오늘 네가 자랑스러웠던 순간이 있다면 언제였을까?"

"요즘 네가 중요하게 생각하는 게 있다면 뭐야?"

이런 질문들은 아이가 나는 어떤 생각을 하는 사람인지를 돌아보게 한다. 정체성은 큰 결심이 아니라, 작은 대화의 반복 속에서 형성된다. 처음에는 대답이 짧고 어색하더라도 괜찮다. 대화의 시간이 쌓이면, 아이의 언어는 확장되고 자신을 정의하는 문장은 조금씩 선명해진다. 부모가 매일 식탁에서 묻는 한마디가 아이의 인생 질문을 여는 씨앗 문장이 되는 것이다.

부모 언어의 리프레임(ReFrame)

정체성 대화의 출발점은 부모의 언어를 새롭게 바라보는 일이다. "왜 안 했니?"라는 말은 통제의 문을 열지만, "어떻게 하면 더 잘할 수 있을까?"라는 말은 사고의 문을 열게 한다. "넌 아직 부족해."라는 평가는 아이의 마음에 결핍의 그림자를 남기지만, "넌 아직 성장 중이야."라는 말은 가능성의 빛을 비춘다.

리프레임(ReFrame)은 단순히 말투를 바꾸는 기술이 아니다. 그것은 사람을 바라보는 관점의 전환이다. 아이를 '아직 미완성의 존재'로만 보느냐, '성장 중인 존재'로 더크게 보느냐에 따라 대화의 결은 완전히 달라진다.

예를 들어, "넌 왜 이렇게 느리니?" 대신 "너는 자기 속도로 가는 중이구나.", "아직 멀었어?" 대신 "조금씩 나아지고 있구나."라고 표현이 바뀌는 순간, 집은 점검의 공간에서 회복과 성장을 위한 발판으로 변한다.

리프레임의 핵심은 '결과 중심에서 존재 중심으로, 평

가에서 탐색으로' 이동(shift)하는 것이다. 부모의 언어가 아이에게 따뜻한 무엇이 될 때, 아이의 정체성은 비교에서 벗어나 자기 자신을 긍정하는 방향으로 향하게 된다.

정체성은 먼 미래에 찾아오는 결론이 아니라, 매일 저녁 식탁 위에서 다듬어지는 현재진행형의 이야기가 된다. 밥상머리에서 부모의 언어가 변하면, 가정은 가장 따뜻한 정체성 학교가 된다.

2장
변화를 확인하는
4주 체크리스트

공부의 변화는 어느 날 갑자기 눈앞에 나타나지 않는다. 하루의 태도, 작은 습관, 한 번의 선택이 쌓이며 서서히 모습을 드러낸다. 그러나 부모와 아이 모두는 그 느린 속도를 버텨내기 어렵다. "달라진 게 없는 것 같아요."이 한마디는 노력의 흔적이 보이지 않을 때 찾아오는 낙심의 표현이다. 눈에 보이는 증거가 없으면 의욕은 줄어든다. 그래서 변화를 눈으로 확인할 수 있는 장치가 필요하다. 그 역할을 하는 것이 바로 4주 체크리스트다. 이 도구는 시험 점수를 대신하는 새로운 '성장 기록지'이다. 학교 성적이 결과를 보여준다면, 체크리스트는 과정의 변화를 드러내는 도구가 된다. 아이의 태도,

집중 정도, 습관, 대화의 질 같은 내면의 성장은 점수표에는 기록되지 않지만, 여기에는 남는다.

성장의 흐름을 '보이게' 만드는 도구

변화는 의식할 때 더 깊어진다. 아이 스스로 "나는 지난주보다 더 집중했어."라고 말할 수 있을 때, 그 아이는 이미 자기 성장을 인식하고 있다. 체크리스트는 그 인식의 틀을 제공한다. 이 도구는 '잘했는가, 못했는가'를 따지는 평가표가 아니라 '어떻게 달라지고 있나'를 관찰하는 거울이다. 부모는 감독관이 아닌 조력자가 되어 "이만큼 자랐구나."라는 발견의 시선으로 아이를 관찰해야 한다. 점수 대신 태도를, 실패 대신 노력을 기록하는 순간, 가정은 평가의 공간에서 성장의 실험실로 변화할 수 있기 때문이다.

4주 체크리스트는 어떤 숫자나 확인 표시로 채워지는 것이 아니다. 문장으로 채워지는 리스트이다. 예를 들면 이렇게 작성할 수 있다.

"오늘은 공부 시작이 늦었지만, 끝까지 잘 마쳤다."

"어제보다 10분 더 집중했다."

"복습을 꾸준히 하니 자신감이 생겼다."

이 문장들은 단순한 메모가 아니다. 아이의 내면에서

일어나는 변화를 가시화하는 기록이다. 부모는 이 문장을 읽으며 이렇게 피드백한다.

"늦게 시작했어도 끝까지 해낸 게 의미 있다."

"네가 느낀 자신감이 가장 큰 성과야."

이 짧은 대화는 점검이 아니라 격려의 대화다. 부모의 피드백은 칭찬보다 깊고, 지적보다 따뜻하다. 아이의 하루가 존중받는다는 경험은 자기 주도적인 힘을 키운다.

채점이 아니라 관찰, 통제가 아니라 동행

체크리스트의 핵심은 '평가'에서 '관찰'로의 전환이다. 부모가 채점하듯 "너는 몇 점"을 말하는 순간, 아이의 시선은 다시 결과로 돌아간다. 그러나 관찰자의 시선은 다르다. "어떤 점이 성장했는가?", "무엇을 배우고 있는가?"와 같은 질문이 부모의 언어를 바꾸면서 아이의 인식 또한 변화시키는 것이다. 부모가 "또 공부를 늦게 시작했구나." 대신 "시작이 늦었지만, 끝까지 공부 시간을 달성한 게 대단하다."라고 말할 때, 아이는 자신을 '지적받는 존재'가 아닌 '인정받는 존재'로 다시 정의하게 된다. 이때 형성되는 자각은 자신을 성장시키는 가장 강력한 내적 동기가 된다. 체크리스트는 부모나 아이, 어느 한쪽만을 위한 도구가 아니다. 아이와 부모가 함께 작성해야 강력한 힘을 발휘하게 되는 아주 효과적인 장치이다.

아이의 역할

자기의 하루를 돌아보고 느낀 점을 한 문장으로 적는다.

"오늘은 계획한 시간만큼 하지 못했지만, 다음엔 수정하려 한다."

부모의 역할

아이의 기록 옆에 짧은 피드백을 남긴다. "스스로 조절하려는 마음이 성장의 증거가 되었구나." 이 과정을 통해 두 사람의 기록은 대화의 흔적이 된다. 말로만 지나가는 격려가 아니라, 글로 남는 인정의 언어는 오랫동안 기억된다. 4주가 지나면, 이 기록은 함께 이루어낸 '성장 일기'로 남을 것이다. 이 도구는 아이만을 위한 것이 아니다. 부모도 스스로 돌아보는 거울로 삼아야 한다.

오늘 나는 결과보다 과정을 칭찬했는가?
아이의 속도를 존중했는가?
닫힌 질문 대신 열린 질문을 던졌는가?

부모가 이 질문에 솔직하게 답할 때, 가정은 '가르치는 공간'이 아니라 '함께 배우는 공간'이 된다. 부모가 변하면 아이도 함께 변화한다. 체크리스트는 함께 성장하는 도구가 된다.

작은 기록이 큰 변화를 만든다.

대부분의 변화는 크고 완벽하게 계획해서가 아니라 작은 기록에서부터 시작된다. 한 줄의 성찰, 한 문장의 격려가 조금씩 쌓이면 아이는 자신을 신뢰하는 힘을 지니게 된다. 부모는 "아무리 노력해도 아이가 변하지 않는다"라는 조급한 마음 대신 "조금씩 자라고 있구나"라는 확신을 갖게 된다. 그 믿음이 아이를 다시 성장으로 이끄는 것이다.

집은 어떤 결과를 심판하고 평가하는 시험장이 아니다. 아이의 가능성을 관찰하고 키우는 성장 실험실인 것이다. 4주 체크리스트는 그 실험의 기록지이다. 시험 점수는 숫자로 남지만, 체크리스트는 태도와 의지 그리고 감정의 흔적을 남긴다. 오늘의 한 줄이 내일의 변화를 만들게 된다. 부모의 따뜻한 문장 하나, 아이의 솔직한 성찰 하나가 가정을 가장 강력한 학습 코칭의 공간으로 바꾼다. 변화는 이미 시작되었다. 이제 그 변화를 기록하고, 함께 걸어가면 된다.

[4주 체크리스트 실천 예시](구체적으로 작성할수록 효과는 좋다.)

주차	아이의 성찰	부모의 피드백
1 주차	계획한 시간보다 10분 늦게 시작했지만, 일단은 끝까지 했다.	늦게 시작했어도 완주한 게 의미가 있다.
2 주차	스마트폰 때문에 집중이 흐트러졌다.	네가 문제를 인식한 게 이미 큰 진전이 있는거야.
3 주차	복습을 꾸준히 하니 조금씩 자신감이 생겼다.	네가 느낀 자신감이 가장 큰 성과다.
4 주차	시험 준비가 힘들었지만 포기하지 않고 끝냈다.	끝까지 해낸 너의 끈기가 자랑스럽다.

이 표는 단순한 기록지가 아니다. 부모와 아이가 함께 만들어 가는 성장 일기이다. 4주 동안 쌓인 문장들은 아이에게는 자기 성찰의 기록이 되고, 부모에게는 언어 습관을 점검하는 거울이 된다. 무엇보다 중요한 것은, 이 기록이 서로의 마음을 확인하는 통로라는 점이다. 각 문장은 아이의 내적 성장과 부모의 시선 변화를 담는다. 한 달이 지나면, 작은 문장들이 모여 아이의 자기 인식과 성취감이 눈에 띄게 달라진다.

3장
지시 대신 질문으로
말하는 훈련

부모의 말에 담긴 진심, 그러나 전달되지 않는 현실

부모가 아이를 향해 목소리를 높일 때 자주 나오는 말들이 있다.

"빨리 숙제 좀 해라."

"방이 왜 이렇게 어질러졌어?"

"스마트폰 그만 보고 공부 좀 해."

"너는 매번 똑같다니까."

이 말들은 모두 행동의 변화를 요구하는 지시형 언어이다. 표면적으로는 '숙제 해라', '방을 치워라.', '집중해라'와 같은 단순한 지시이지만, 그 속을 들여다보면 부모의 따뜻한 진심이 숨어 있다.

"네가 스스로 계획하고 책임 있게 살길 바란다."

"조금 더 정돈된 생활 속에서 안정감을 느끼길 바란다."

"집중하는 습관을 키워서 네 꿈을 이루길 원한다."

즉, 언어의 표면은 단호하지만, 마음의 뿌리는 사랑이다. 그러나 이 진심은 종종 전달되지 않는다. 이유는 간단하다. 아이의 귀에는 '사랑의 메시지'가 아니라 '명령의 음성'이 먼저 꽂히기 때문이다. 부모는 사랑으로 말했지만, 아이는 통제로 듣는다. 결국 말은 오해로 변하고, 대화는 불통으로 끝이 난다.

대화 예시 ① — 진심이 닿지 않는 순간

부모: "숙제는 했니?"

아이: "아직요…"

부모: "맨날 아직이래! 대체 언제 할 거야?"

아이: (작게) "알았어요…"

이 대화에는 부모의 '도와주고 싶은 마음'이 담겨 있지만, 아이에게는 '불신'과 '비난'으로 들린다. 이런 대화가 반복되면 아이는 부모의 목소리만 들어도 긴장하고, 결과적으로 감정적 거리가 생기게 된다.

대화 예시 ② — 같은 진심, 다른 전달

부모: "오늘 숙제는 언제 하면 좋을까?"

아이: "저녁 먹고 조금 쉰 다음에요."

부모: "좋네. 네가 정한 거니까 잘 지켜보자."

　

부모의 진심은 같다. 단지 표현 방식이 바뀌었을 뿐, 아이의 반응은 전혀 다르다. '빨리 해라'는 명령은 저항을 불러오지만, '언제 하면 좋을까?'라는 질문은 책임감과 자율성을 깨운다. 부모의 말 한마디가 관계의 방향을 바꾸는 것이다. 부모의 언어가 바뀌면 아이의 해석이 달라진다.

"빨리 좀 숙제해라" ➡ "너의 계획이 궁금해. 언제 시작할까?"

"방이 왜 이렇게 어질러졌어?" ➡ "네가 편히 쉴 수 있는 방은 어떤 모습일까?"

"스마트폰 좀 내려놔" ➡ "지금, 이 시간에 꼭 해야 할 일이 있을 것 같은데?"

부모의 프레임이 '지시'에서 '탐색'으로, 언어의 톤이 '명령'에서 '대화'로 바뀌는 순간, 아이의 마음은 열리게 된다. '꾸중'이 아닌 '질문'이 아이의 내면을 움직이는 열쇠가 되는 것이다.

지시는 즉각적인 행동을,
질문은 지속적인 변화를 만든다.

숙제 하나를 두고도 대화의 방식은 전혀 다르다. 지시는 '즉시 움직이게'는 하지만 그런 액션이 오래 가지 않는다. 질문은 '스스로 움직이게' 하고 지속 가능한 변화를 만든다. 아이의 내적 동기는 '명령'이 아니라 '선택'에서 자란다.

생활 속 훈련 1: 숙제에서 대화로 바꾸기

숙제를 지시할 때, 부모는 결과를 바라본다. 하지만 질문은 과정을 향하게 된다.

"숙제 다 했니?" ➡ 점검

"왜 아직 안 했어?" ➡ 비판

"오늘 숙제를 언제 시작하면 좋을까?" ➡ 계획

"어떻게 하면 더 집중할 수 있을까?" ➡ 성찰

이처럼 언어의 틀을 바꾸면 아이의 사고가 단순한 "응"이나 "아니오"에서 "나는 어떻게 할까?"로 확장된다. 부모는 조율자가 아니라 코치의 위치로 이동하게 된다.

생활 속 훈련 2: 정리 정돈과 자기관리

정리되지 않은 아이의 방을 볼 때마다 "언제 치울 거야?"라고 묻는다. 그러나 아이는 이 말을 명령으로 받아들이고, "알았어요."라는 짧은 대답으로 회피한다. 이때 질문을 바꾸어보자.

"네가 지내기에 편한 방은 어떤 모습일까?"

이 질문은 아이로 하여금 '이유'를 생각하게 만든다. 정리는 '잔소리의 결과'가 아니라 '자신이 원하는 환경을 만드는 선택'으로 전환된다. 의미를 스스로 찾은 행동은 생각보다 오래 지속된다.

생활 속 훈련 3: 스마트폰 사용의 자율성 키우기

대부분의 갈등은 스마트폰에서 시작된다. "그만 해라!"라는 말은 순간 스마트폰 사용을 멈추게 하지만, 잠시 후 다시 반복된다. 통제의 언어는 반발을 낳는다. 이런 상황에서 이렇게 묻는다면 결과는 달라질 것이다.

"스마트폰은 몇 시까지 하고, 그다음엔 뭐 하면 좋을까?"

"오늘 하루 중, 가장 집중 잘 된 시간은 언제였어?"

아이 스스로 시간 계획을 세우게 하면 통제 대신 책임감이 생기기 시작한다. 스스로 정한 약속은 외부의 강요보다 오래 지속되기 때문이다.

부모의 진심을 전달하는 언어

부모가 전하고 싶은 메시지는 분명하다.

"네가 건강하게 성장하길 바란다."

"집중해서 배우길 바란다."

"편안하고 안정된 하루를 보내길 바란다."

그러나 아이는 이렇게 듣는다.

"부모는 나를 믿어주지 않는다."

"나는 늘 부족하구나."

이렇게 심각한 차이를 줄이는 방법은 바로 질문이다. 질문은 '지시'보다 천천히 도착하지만, 도착했을 때 더 깊이 자리 잡게 된다. 아이의 귀와 마음이 부모의 진동수와 일치하는 언어, 그것이 바로 질문이다.

기존 지시형 문장	질문형 전환 문장
"공부 좀 집중해라."	"지금 어떤 방법으로 하면 더 집중이 잘 될 것 같아?"
"이제 자라."	"몇 시쯤 자면 내일 더 개운할 것 같니?"
"게임 그만해라."	"게임을 마무리하고 나서 어떤 걸 하면 좋을까?"
"숙제부터 해라."	"오늘 해야 할 일 중에 어떤 걸 먼저 하면 좋을까?"
"그렇게 하지 마."	"다른 방법으로 해본다면 어떤 게 좋을까?"
"책 좀 읽어라."	"오늘은 어떤 책이 너한테 흥미로울까?"
"시간 낭비하지 마라."	"지금 시간을 어떻게 쓰면 가장 의미 있을까?"
"친구랑 싸우지 마라."	"그 상황에서 네 마음은 어땠어?"
"성적 좀 올려라."	"다음 시험에서 어떤 부분을 더 보완하고 싶어?"
"다시 해라."	"이번에는 다르게 해본다면 어떤 점을 바꾸고 싶어?"

이 작은 전환 하나가 아이의 표정을 달라지게 하고, 부모의 언어 습관을 변화시킨다. 한 달이 지나면 대화의 공기가 달라진다. 부모는 통제자가 아니라 코칭 파트너가 된다.

4장
아이가 만든 계획표를
존중하는 순간

한 장의 계획표, 아이의 결정

아이가 손으로 적은 계획표는 단순한 일정표가 아니다. 그 종이 위에는 아이의 생각과 판단, 그리고 '내가 선택했다'라는 흔적이 담겨 있다. 부모에게는 평범한 글씨지만, 아이에게는 자기 의지의 서명과도 같은 의미인 것이다. 그래서 부모가 처음 하는 말 한마디가 이 종이의 의미를 결정짓는다.

부모의 경험으로 말하는 "계획이 엉성하네."라는 표현은 종이를 덮어 버리게 하고, "이 순서를 정한 이유가 궁금하다."라는 말은 펜을 다시 들게 만든다. 아이는 자신이 세운 질서를 존중받을 때, 그 질서를 스스로 지키고 싶어 한다. 부모가 아이에게 향하는 존중은 강요보다 오래가고, 침묵보다 더 큰 힘을 가진다. 처음 만든 계획표는 다소 서툴고 비효율적일 수 있다. 그러나 부모가 주목해야 할 것은 계획표의 완성도가 아니라 그 속에 담긴 의도, 기준, 그리고 시도하려는 마음의 방향이다. "이건 좀 엉성해 보이는데?" 대신 "이번 주에는 '과학 먼저'로 정했네. 그 이유가 있을까?" 이렇게 묻는 한 문장이 아이 안의 자기 결정권을 일깨운다.

아이의 계획표는 '학습의 순서 기록'이 아니라 '주체로서 나를 증명하는 도구'가 되어야 한다. 한 장의 종이는 자신의 삶을 설계하려는 첫 시도라는 점에서 그 무게는 종이 한 장 이상이다.

실행을 돕는 효과적인 '리허설 대화'

계획표의 진정한 가치는 '적었다'가 아니라 '실행한다'에 있다. 하지만 실행은 단순한 의지로만 완성되지 않는다. 그 전에 예상과 수정의 리허설이 필요하다. 주말 저녁 10분, 부모와 아이가 마주 앉아 내일의 계획표를 보며 이렇게 대화를 나누어 보자.

의도: "이번 주 계획에서 네가 가장 중요하게 생각한 건
　　　 뭐야?"
현실: "집중이 흐트러질 것 같은 시간은 언제쯤일까?"
수정: "그럴 때 마음을 돌려줄 신호 하나 정하자. 알람?
　　　 포스트잇? 5분 타이머?"

　이 짧은 리허설은 계획을 현실과 연결하는 다리 역할을 한다. 아이 스스로 "흐트러질 때 어떻게 돌아올까?"를 미리 생각하는 과정이 바로 자기 조절력의 시작이다. 리허설은 실패를 막는 장치가 아니라 실패해도 돌아올 길을 미리 만들어두는 안전장치다. "집중이 흐트러져도 괜찮아. 돌아올 방법이 있잖아." 이 말 한마디가 아이에게 안정감을 준다. 부모는 이 리허설을 점검이 아닌 동행의 시간으로 만들어야 한다. "잘하겠지?"라는 기대 대신 "같이 해보자."라는 메시지가 아이를 움직이게 하는 것이다. 구체적인 방법이 보이면 아이의 마음이 흔들리지 않는다. 아이의 주간 리허설은 단순한 예행연습이 아니라 자기 삶을 연습하는 훈련이 될 것이다.

실패를 경험 데이터로 바꾸는 피드백

　공부 계획표의 가장 좋은 선생은 실패이다. 실패는 성

공의 어머니라는 말도 있지 않은가? 잘 지켜지지 않은 부분은 꾸짖을 것이 아니라 탐색하도록 살펴보는 기록이다. "왜 못했어?"라고 묻는 대신 "어디에서 계획이 밀렸을까?"라고 묻는 순간, 아이의 시선은 두려움에서 탐구로 이동한다.

"그때 너의 컨디션은 어땠어?"

"다음에는 무엇을 하나 줄이고, 무엇을 추가하면 좋을까?"

이런 대화는 '실패'를 '경험 데이터'로 바꾸는 과정이 된다. 따라서 성장의 핵심 방법은 결정 ➡ 실행 ➡ 피드백의 작은 순환 구조에 있다.

"이번 주엔 20분이 너무 길었어.", "그럼, 다음 주엔 15분으로 줄여볼까?"

이런 대화가 반복되면 아이는 '계획이 나를 통제하는 도구'가 아니라 '내가 계획을 설계하고 수정하는 존재'라는 확신을 갖게 된다. 작은 순환의 경험이 쌓일수록 아이의 자기효능감은 단단해지고 실패는 두려움이 아닌 '다음 단계로 가는 경험 데이터'가 된다. 아이의 주도성은 완벽한 성공이 아니라 실패를 스스로 해석하는 능력에서 자라게 된다.

부모의 존중이 아이의 자립을 완성한다.

부모의 언어가 바뀌면 계획표의 의미가 달라진다. 다음에 소개되는 문장들은 아이의 계획을 '결과'가 아닌 '과정'으로 바라보게 한다.

"수정한 칸에 별표를 남겨보자. 그 별이 이번 주의 진정한 성취야."

"잘 안된 날도 체크해 보자. 그것도 너의 기록이야."

"이 계획의 주인은 너야. 나는 너를 도와주는 사람이야."

"완벽하게 지키는 것보다, 다시 시도하는 순간이 더 중요해."

"계획을 수정하는 건 잘못 하는 것이 아니라, 네가 성장하고 있다는 증거야."

"이번 주 계획에서 배운 점 한 가지를 적어보자. 그게 다음 주의 출발점이야."

"계획을 지키는 것도 좋지만, 왜 그렇게 정했는지를 아는 게 더 중요해."

"오늘 계획이 무너져도 괜찮아. 내일 다시 공부하는 그 순간이 진짜 너의 힘이야."

부모가 지적이나 조언하는 것을 뒤로 미루고 아이와의 신뢰를 먼저 선택할 때, 아이는 스스로 내면적인 피드백을 시작하게 된다.

중학교 3학년 준철이는 주간 계획표를 세웠지만 화요일과 수요일 이틀을 완전히 놓쳤다. 예전 같으면 "그래서 엄마가 뭐라고 했니?"라는 말이 했겠지만, 엄마는 이렇게 물었다.

"그날 너의 에너지는 10점 만점에 몇 점 정도였을까?"

"그런 상황이었다면 과학 대신 영어 단어 공부하는 것이 더 나았을까?"

준철이는 자신의 컨디션을 기준으로 계획을 다시 수정할 수 있었다. "계획을 수정하는 이유를 이제는 알겠어요." 이 한 문장이 바로 주도성이 발휘되는 순간이다.

부모가 한 걸음 물러서면, 아이는 한 걸음 나아간다. 아이의 계획표는 단순한 공부 도구가 아니라 삶을 배우는 자립의 지도가 된다. 부모가 그 지도를 대신 그려주지 않고 조용히 옆에서 방향을 알려주며 빛을 비춰줄 때, 아이는 자신만의 속도로 세상을 향해 걷게 된다.

5장
밥상머리를 되살리는
30가지 질문

대화가 멈춘 식탁, 질문이 다시 불을 밝힌다.

하루의 끝, 가족이 식탁에 둘러앉아 있지만 대화는 없다. 아이의 눈은 스마트폰 화면에 머물고, 부모는 조심스레 말을 건넨다. "오늘 공부는 잘됐어?" 짧은 대답이 돌아온다. "그냥요." 그 한마디로 대화는 닫히고, 식탁엔 침묵만 흐른다.

그러나 이 침묵을 깨는 힘은 거창한 설득이나 긴 강의가 아니다. 단 한 문장, 질문이다. "오늘은 뭐가 제일 즐거웠니?" 이 짧은 물음에 아이는 고개를 들고 잠시 생각한다. "체육 시간에 야구했을 때요." 그 순간, 대화의 문이 열리고 마음의 온도가 달라진다. 질문은 단순한 말이 아니다. 그것은 마음을 여는 열쇠이자, 관계를 이어주는 다리이다. 부모의 질문 하나가 아이의 자존감과 사고력, 그리고 가정의 공기를 바꿀 수 있다.

생각을 바꾸는 리프레임의 관점에서 보자면 "질문"은 훈계나 점검이 아니라 초대인 것이다. 아이를 '가르치는 언어'에서 '함께 배우는 언어'로 바꿀 때, 집은 다시 살아 숨 쉬는 배움의 공간이 된다.

질문의 힘: 아이의 마음을 여는 대화의 시작

부모의 질문은 아이에게 "나는 존중받는 존재야"라는 신호를 준다. "오늘 뭐가 좋았어?"라는 한 문장은 점수를 묻는 말보다 훨씬 깊은 대화를 이끈다. 질문을 받는 순간, 아이는 생각하고, 정리하고, 표현한다. 이 과정에서 사고력과 자기 성찰력이 자란다. 또한 질문은 아이의 감정을 정리하게 만든다. "오늘 힘들었던 순간은 뭐였니?"라고 묻는다면, 아이는 스스로 하루를 돌아보며 감정을 언어로 풀어낸다. 무엇보다 중요한 것은, 질문은 부모가 통제하는 언어가 아니라 아이를 신뢰하는 언어라는 점이다. 질문은 아이를 조종하지 않고, 아이 스스로 답을 찾아가도록 돕는다. 그 여정 속에서 아이는 자기 주도성을 키우고, 밥상머리는 단순한 식사가 아닌 성장의 교실이 된다.

밥상머리를 되살리는 30가지 질문

이제, 실제로 활용할 수 있는 질문들을 영역별로 소개한다. 각 질문은 정답을 요구하지 않는다. 아이의 하루를 열어주고, 생각을 이끌며, 감정을 다독이는 대화의 출발점이다.

① 감정을 여는 질문 (정서적 안정과 공감)

감정의 질문은 아이의 하루를 이해하는 창문이 된다. 부모가 아이의 감정에 귀 기울일 때, 아이는 존재를 인정받는 경험을 한다.

1. 오늘 하루 가장 즐거웠던 순간은 뭐였니?
2. 오늘 힘들었던 일은 있었니?
3. 오늘 누군가에게 위로받은 적이 있니?
4. 오늘 너의 마음을 가장 따뜻하게 만든 일은 뭐였어?
5. 오늘 하루를 색으로 표현한다면 어떤 색일까?

예시 대화

부모: "오늘 하루를 색으로 표현한다면 어떤 색이야?"

아이: "파란색이요. 좀 조용했어요."

부모: "그래, 조용한 하루였구나. 그 안에서도 편안함이 있었니?"

감정을 탐색하며 대화가 깊어진다.

② 배움을 여는 질문 (성찰과 사고력)

학습 대화는 점검이 아니라 경험을 나누는 과정이다. 질문을 통해 아이는 스스로 배운 것을 정리한다.

6. 오늘 새롭게 배운 건 뭐였니?

7. 오늘 가장 어렵게 느낀 문제는 뭐였어?

8. 그 어려움을 어떻게 해결했니?

9. 오늘 배운 것 중에 네가 흥미롭게 느낀 건 뭐였어?

10. 내일 다시 배운다면 더 잘할 수 있을 것 같은 건 뭐야?

예시 대화

부모: "오늘 배운 것 중에 재미있었던 건 뭐야?"

아이: "과학실험이요. 시험지 색이 변해서 신기했어요."

부모: "와, 어떤 실험이었어?"

학습 대화가 자연스럽게 이어지고, 아이의 흥미가 드러난다.

③ 관계를 여는 질문 (사회성, 공감 능력)

친구 관계는 아이의 자존감과 직결된다. 관계를 묻는 질문은 사회적 감수성을 키운다.

11. 오늘 친구들과 어떤 대화를 했니?
12. 친구 중에 고마운 사람은 누구야?
13. 오늘 누군가와 다툰 적이 있니? 그때 어떤 마음이 었어?
14. 친구가 너에게 어떤 말을 해줬을 때 기분이 좋았니?
15. 네가 친구에게 해준 말 중 가장 마음에 남는 건 뭐야?

예시 대화

부모: "오늘 친구랑 다툰 적이 있니?"

아이: "있어요. 사소한 일로요."

부모: "그때 너의 마음은 어땠어?"

감정 인식 ➡ 공감 ➡ 문제 해결력으로 이어진다.

④ 목표를 여는 질문 (동기와 주도성)

아이의 목표는 부모가 정하는 것이 아니라, 스스로 발견하고 만들어갈 때 힘이 생긴다.

16. 이번 주에 이루고 싶은 게 뭐야?
17. 오늘 스스로 잘했다고 느낀 일은 뭐야?

18. 내일 가장 기대되는 건 뭐니?

19. 한 달 뒤, 네가 바라는 모습은 어떤 모습이야?

20. 그 목표를 위해 오늘은 어떤 한 걸음을 내딛을 수 있을까?

예시 대화

부모: "이번 주에 이루고 싶은 게 뭐야?"

아이: "단어 50개 외우기요."

부모: "좋은 목표네. 그걸 이루려면 어떤 계획이 필요할까?"

목표 설정 ➡ 실행 계획 ➡ 자기주도 학습으로 연결

⑤ 감사를 여는 질문 (긍정 사고, 관계 확장)

감사는 아이의 시선을 부족함에서 가능성으로 옮긴다.

21. 오늘 고마웠던 일은 뭐야?

22. 네가 누군가에게 고마움을 표현한 적이 있니?

23. 오늘 도움을 받은 일이 있니?

24. 오늘 네가 다른 사람을 도와준 일은 뭐야?

25. 네가 가장 감사한 존재는 누구야? 왜 그렇게 느껴?

예시 대화

부모: "오늘 고마웠던 일은 뭐야?"

아이: "선생님이 숙제 봐주셨어요."

부모: "그때 어떤 기분이었어?"

감사를 통해 관계의 온도가 높아진다.

⑥ 성찰을 여는 질문 (자기 조절력, 회복탄력성)

실패와 실수를 성찰로 바꾸면 아이는 단단해진다.

26. 오늘 다시 돌아간다면 다르게 하고 싶은 일은 뭐야?
27. 오늘 실수한 일이 있다면, 그 이유는 뭐라고 생각해?
28. 그 경험에서 배운 점은 뭐야?
29. 다음에 비슷한 일이 생기면 어떻게 해보고 싶어?
30. 오늘 하루, 스스로 칭찬하고 싶은 점은 뭐야?

예시 대화

부모: "오늘 다시 돌아간다면 다르게 하고 싶은 건 뭐야?"

아이: "시험 전에 조금 더 복습할 걸 그랬어요."

부모: "그런 생각을 한 것만으로도 성장한 거야."

실패를 자책이 아닌 배움으로 전환(ReFrame)하기

활용 가이드: 질문은 대화를 위한 초대이다.

한 번에 여러 질문을 하지 않는다. 한 문장에 집중하자. 아이의 대답을 평가하지 않는다. "그랬구나." "좋았겠다."로 공감한다. 대화는 점검이 아니라 이해의 시간이다. 아이가 말하지 않아도 괜찮다. 기다림도 대화의 일부다. 하루에 한 번, 식탁에서 한 문장만 던져보자. "오늘 뭐가 즐거웠어?" 그 한 문장이 아이의 마음을 열고, 부모와의 거리를 줄인다.

6장
오늘 밤부터 시작하는
5단계 로드맵

부모라면 누구나 한 번쯤 이런 다짐을 해보게 된다.

"내일부터는 아이에게 잔소리하지 말아야지."

"이번 주는 꼭 아이와 대화하는 시간을 가져야지."

그러나 바쁜 하루가 지나고 나면, 다시 익숙한 패턴으로 돌아가고 만다. 결심은 컸으나 실천은 작았다. 그이유는 '내일'이라는 막연한 약속 때문이다. 진정한 변화는 내일이 아니라 오늘 밤부터 시작되어야 한다. 완벽한 준비보다 더 중요한 것은 작은 한 걸음의 실천이다. 그 한 걸음이 아이의 마음을 열고, 관계를 회복시키며, 공부와 삶의 태도까지 바꾼다. 이 장에서는 부모가오늘 밤 바로 실천할 수 있는 5단계 로드맵을 제안한다.

대단한 계획보다 일상의 짧은 실천이 아이의 성장을 만든다. 10분 대화, 한 문장 칭찬, 함께 세운 작은 계획, 짧은 기록, 그리고 밥상머리의 대화이다. 5단계 로드맵은 거창하지 않지만, 꾸준히 쌓이면 아이의 자기 주도성과 자존감을 단단하게 만들어 준다.

이제, 오늘 밤부터 시작하자.

1단계 하루 10분, 아이와 대화 시간을 만든다.

아이의 하루는 빠르게 흘러간다. 학교, 학원, 숙제, 스마트폰 속에서 부모와의 대화는 점점 줄어든다. 그러나 하루 10분의 대화는 정서적 안전지대가 된다. 이 시간은 점검이 아니라 연결의 시간이다. "오늘 뭐가 즐거웠어?", "오늘 가장 힘들었던 건 뭐야?" 이 짧은 질문 하나가 아이의 마음을 여는 열쇠가 된다. 대답을 평가하지 않고, 있는 그대로 들어주는 태도가 핵심이다.

예를 들어,

아이: "오늘 친구랑 싸웠어."

부모: "속상했겠다. 어떤 일 때문에 그랬어?"

이 한 문장만으로도 대화는 잔소리가 아닌 공감으로 이어진다. 하루 10분은 길지 않지만, 매일의 정서 회복을 만든다. 이 짧은 시간이 쌓이면, 아이는 "나는 혼자가 아니야."라는 신뢰를 품게 된다.

2단계 결과가 아닌 과정을 칭찬한다.

부모의 시선은 종종 아이의 학교 성적표에 머문다. 하지만 진정한 성장은 숫자보다 과정의 태도 속에 숨어 있다. "다음엔 잘해라."라는 말은 위로 같지만, 아이에게는 "지금의 나는 부족하구나."로 들릴 수 있다. 대신 이렇게 말해보자. "이번엔 힘들었지만 끝까지 해냈네.", "전보다 복습 습관이 조금은 좋아졌네." 이런 말은 노력의 흔적을 인정해 주는 표현이다. 과정 중심의 칭찬은 아이에게 "나는 결과로만 평가받지 않는다.", "내 노력이 존중받고 있구나."라는 메시지를 전한다.

결과 중심의 표현이 불안을 키운다면, 과정 중심의 표현은 믿음을 키운다. 부모의 언어가 비교와 평가에서 존중과 격려로 바뀌는 순간, 아이의 눈빛은 다시 살아난다.

3단계 아이와 함께 계획을 세운다.

자기 주도성은 스스로 정한 목표에서 피어난다. 중학교 2학년 수연이는 책상 위에 알차게 잘 계획된 공부 계획표가 적혀 있었다. 하지만 수연이는 전혀 신경을 쓰지 않는 분위기였다. 궁금해서 물어보니 답은 간단했다. "이 계획은 제가 쓴거 아니예요. 엄마가 적은 거예요. 그래서 저는 안 지켜요." 나는 수연이의 대답에서 중요한 사실을 발견하였다. 부모가 대신 세운 계획은 학습 효과는 없지만, 아이가 스스로 세운 계획은 자신과의 약속이라고 생각하는 것이다.

"이번 주 네가 이루고 싶은 건 뭐야?"

이 질문에서 대화가 시작되어야 한다. 예를 들어, "이번 주에는 영어 단어 150개 외우기.", "매일 30분씩 복습하기." 이렇게 아이가 직접 말한 목표는 이미 절반의 실행이라 할 수 있다. 부모는 점검자가 아니라 조력자로 있어야 한다. "네가 세운 계획을 응원할게. 필요하면 도와줄게." 이 한 문장이 아이에게 신뢰의 신호가 된다. 부모가 믿어줄 때, 아이는 스스로 책임지는 법을 배운다. 계획을 함께 세우는 경험은 단순한 일정 관리가 아니라 아이의 삶 설계 능력을 기르는 첫 훈련이 된다.

4단계 작은 변화를 기록한다.

변화는 기록될 때 의미가 깊어진다. 말로만 지나가면 잊히지만, 글로 남기면 의식 속에 남는다. 하루 한 줄이면 충분하다.

오늘 아이와 나눈 대화 중 가장 따뜻했던 말

오늘 내가 발견한 아이의 변화 한 가지

오늘 아이가 스스로 세운 목표

이 짧은 기록은 부모에게는 성찰의 도구

아이에게는 "나의 노력을 부모가 기억한다."라는 신뢰의 증거가 된다. 완벽한 실천보다 중요한 것은 꾸준한 기록이다. 한 주가 지나고, 한 달이 지나면 그 한줄 한줄이 쌓여 성장의 일기가 된다. 기록은 부모와 아이가 함께 쓰는 성장의 흔적이다.

5단계 밥상머리 대화를 일상으로 정착시킨다.

식탁은 단순한 끼니의 공간이 아니다. 그곳은 하루를 돌아보는 교실, 가족이 마음을 나누는 정서적 쉼터다. 하루 한 끼라도 가족이 함께 앉아 서로의 하루를 나누는 시간을 만들어보자. 스마트폰을 내려놓고, 눈을 마주치며 물어보자.

"오늘 가장 뿌듯했던 순간은 뭐야?"

"오늘 새롭게 배운 게 있었어?"

이 짧은 질문이 아이의 마음을 두드린다. 대화는 반드

시 공부 이야기일 필요가 없다. 감정, 친구, 일상의 소소한 이야기가 오갈 때 아이의 마음은 열리고, 그 안정감은 학습 동기로 이어진다. 밥상머리는 사랑을 배우는 자리이며 가족 모두가 함께 성장하는 교실이 된다.

거창한 결심보다 오늘의 작은 실천이 더 큰 변화를 만든다. 오늘 밤 10분 대화, 결과가 아닌 과정의 칭찬 한마디, 함께 세운 계획 한 줄, 짧은 기록 한 줄, 식탁 위의 한 문장.

이 다섯 가지가 내일의 아이를 만드는 바탕이 된다. 부모가 먼저 변하면, 아이도 달라진다. 오늘 밤의 한 걸음은 내일의 태도, 다음 달의 습관, 그리고 평생의 자존감으로 이어진다. 완벽한 부모가 되려 하지 말고, 함께 성장하는 부모로 시작하자. 그 출발은 거창하지 않아도 좋다. 오늘 밤, 아이 옆에 앉아 조용히 묻는 한 문장, 그 한 문장이 아이의 내일을 바꾼다.

"오늘은 어떤 하루였어?"

완벽한 부모가 되려 하지 말고, 오늘 밤부터 함께 성장하는 부모로 시작하세요.

Step 1. 하루 10분 대화 실천
대화는 점검이 아니라 연결입니다. 오늘의 짧은 대화가 아이의 마음을 엽니다.

항목	내용
❖ 오늘 대화 시간	☐ 아침 ☐ 등교길 ☐ 저녁 ☐ 잠들기 전
❖ 오늘 던진 질문	
❖ 아이의 대답	
❖ 나의 태도 점검	☐ 평가하지 않고 들어줬다 ☐ 공감으로 반응했다 ☐ 조언보다 경청을 선택했다
소감: 오늘 대화에서 느낀 점	

Step 2. 결과가 아닌 과정을 칭찬하기

결과보다 과정 안에서 성장의 씨앗을 찾으세요.

항목	내용
❖ 오늘 발견한 아이의 노력	☐ 아침 ☐ 등교길 ☐ 저녁 ☐ 잠들기 전
❖ 내가 건넨 칭찬 한 문장	
❖ 점검	☐ 점수가 아닌 태도를 칭찬했다 ☐ 비교 대신 성장 포인트를 언급했다
소감 : 오늘 내가 아이의 어떤 점을 존중했는가?	

Step 3. 아이와 함께 계획 세우기

아이의 자기 주도성은 스스로 세운 계획에서 자랍니다.

항목	내용
❖ 오늘 함께 세운 목표	
❖ 아이가 직접 정한 이유	
❖ 나의 격려 문장	
❖ 점검	☐ 아이가 먼저 말하게 했다 ☐ 계획을 평가하지 않고 응원했다 ☐ 도움의 여지를 열어두었다
소감: 오늘 대화에서 아이가 주체로 서 있었는가?	

Step 4. 작은 변화 기록하기

짧은 기록이 큰 변화를 만듭니다.

항목	내용
❖ 오늘의 변화 한 가지	
❖ 내가 기억하고 싶은 순간	
❖ 내 마음의 변화	
❖ 점검	☐ 잊지 않고 기록했다 ☐ 어제보다 나은 한 걸음을 발견했다
소감: 오늘 기록하며 느낀 감사 혹은 통찰	

Step 5. 밥상머리 대화 정착하기

식탁은 사랑을 배우는 교실입니다.

항목	내용
❖ 오늘 함께 식사한 시간	☐ 아침 ☐ 점심 ☐ 저녁
❖ 던진 질문	
❖ 아이의 답변 중 기억에 남는 말	
❖ 점검	☐ 스마트폰 없이 대화했다 ☐ 공부 외의 이야기를 나눴다 ☐ 감정을 나누는 대화였다
소감: 오늘 밥상머리에서 느낀 연결의 순간	

- 하루 실천 요약

실천 항목	체크
하루 10분 대화	☐
과정 중심 칭찬	☐
아이와의 공동 계획	☐
변화 기록	☐
밥상머리 대화	☐

- 오늘 내가 부모로서 한 걸음 나아간 점:
- 아이가 보여준 긍정적 변화 한 가지:
- 내일을 위한 한 문장 다짐

- 사용 방법

하루가 끝난 뒤 잠들기 전 10분, 오늘의 실천을 돌아보며 기록하세요.

완벽하게 다 하지 않아도 괜찮습니다. 한 가지라도 꾸준히 실천하는 것이 핵심입니다.

7일간 기록 후, 아이와 함께 변화의 순간을 돌아보세요.

오늘 밤, 다시 밥상 앞에 앉는 이유

나는 매일 같은 말을 되뇌며 하루를 시작하고 끝냈다. "공부 좀 해라."

그 말 안에는 분명 아이의 미래를 걱정하는 마음, 친구들에게 뒤처질까 불안한 마음, 아이가 잘되길 바라는 간절한 사랑 등의 진심이 있었다. 하지만 정작 그 말을 들은 아이는 고개를 숙였다. 표정이 굳었고, 방문은 닫혔다. 대화는 멈췄고, 남은 건 후회뿐이었다. 나는 아이를 위해 말했다고 믿었지만, 그 말이 아이의 마음에 닿지 않았다는 사실을 뒤늦게 알아차렸다. 아이의 태도를 바꾸기 전에, 먼저 바꿔야 했던 것은 부모의 언어였다. 사랑의 마음을 담고 있었지만, 내 말은 통제의 언어였다. 그때부터 나는 스스로에게 물었다.

"내가 진심을 전하고 있는가, 아니면 불안을 말하고 있는가?"

ReFrame, 부모의 시선을 다시 세우다.

리프레임은 같은 상황을 다른 시선으로 바라보는 힘이다. 관점 전환에서부터 변화는 시작된다. "왜 공부 안해?" 대신 "오늘은 어떤 생각을 했니?"로, "다음엔 잘해" 대신 "이번에 노력한 과정이 참 인상적이었어."라고 표현하는 말에 변화가 있으니 대화 분위기가 달라졌다. 아이의 눈빛이 밝아지고, 말의 길이도 길어졌다. 예전엔 결과만 이야기하던 식탁에서 이제는 과정과 감정이 오갔다. 대화는 점검이 아니라 연결이 되었고, 아이는 평가받는 존재가 아니라 존중받는 존재로 서기 시작했다. 식탁 위엔 여전히 밥이 놓여 있지만 이제 그 자리는 서로를 배우는 작은 학교가 되었다. 나는 말하기보다 묻는 법을, 지시하기보다 경청하는 법을 배우고 있다.

부모의 역할을 리프레임 하라.

아이의 성장을 이끄는 것은 '완벽한 계획'이 아니라 부모와의 '따뜻한 관계'에 있다. 리프레임(ReFrame)은 아이의 문제를 고치려는 시선에서 부모 자신을 돌아보는 시선으로 전환하는 일이다. 아이를 통제하려는 불안 대신, 스스로 성장할 수 있다는 신뢰를 품을 때, 그 믿음이 곧 아이의 자존감으로 연결된다. 따라서 부모의 역할은 정답을 주는 사람이 아니라 질문을 건네는 조력자인 것이다.

"왜 안 했어?"가 아니라 "어떤 점이 어려웠어?"

"이번엔 몇 점이야?"가 아니라 "이번 경험에서 배운 건 뭐야?"

이렇게 바뀐 한 문장이 아이의 마음을 살린다. 관점이 바뀌면 언어가 바뀌고, 언어가 바뀌면 관계가 바뀐다. 관계가 바뀌면, 아이의 성장도 달라진다.

오늘 밤, 식탁에서 시작되는 변화

예전엔 식탁 위에 스마트폰이 놓여 있었고, 대화 대신 침묵이 자리를 차지했다. 이제 나는 식탁 앞에 앉아 아이에게 묻는다.

"오늘은 어떤 하루였니?"

"오늘 너 자신에게 칭찬하고 싶은 일은 뭐야?"

짧은 질문이지만, 그 안에는 존중과 관심이 담겨 있다. 아이의 대답은 길지 않아도 괜찮다. 중요한 건 '대화가 존재한다'라는 사실이다. 그 한 문장이 오늘의 마음을 기록하고, 내일의 방향을 세운다. 부모의 말이 바뀌면, 아이의 마음이 열린다. 그 마음이 열릴 때, 공부도, 관계도, 미래도 스스로 움직이기 시작한다.

작은 시작이 큰길을 만든다.

나는 더 이상 완벽한 부모를 꿈꾸지 않는다. 대신, 아이와 함께 성장하는 부모가 되고 싶다. 오늘은 결과보다 과정을 칭찬하고, 지시보다 질문을, 조언보다 경청을 선택하려 한다. 작은 변화가 쌓이면 놀라운 일이 일어난다. 아이의 표정이 달라지고, 눈빛이 살아난다. 그 변화는 하루아침에 오지 않지만, 꾸준한 대화와 존중의 언어는 반드시 열매를 맺는다.

아이의 인생을 바꾸는 결정적 순간은 멀리 있지 않다. 그 순간은 오늘 밤, 부모의 입술에서 시작된다. 밥상머리에서 나눈 한 문장이 아이의 마음에 씨앗처럼 심어진다. 그 씨앗은 자존감으로 자라고, 자존감은 학습의 뿌리가 된다.

오늘 밤, 다시 식탁 앞에 앉자. 결과를 묻기보다 마음을 묻고, 조급함 대신 믿음을, 불안 대신 존중을 선택하자. 그리고 이렇게 물어보자.

"오늘은 어떤 생각을 했니?"

"오늘 네가 스스로에게 해주고 싶은 칭찬은 뭐야?"

그 한마디가 아이의 내일을 연다. 한 문장이 아이를 살리고, 한 문장이 길을 연다. 그리고 그 문장은 오늘, 당신의 입술에서 시작된다.

부모의 다짐

나는 오늘, 아이를 평가하지 않고 이해하려 한다.

나는 오늘, 정답보다 아이의 생각을 먼저 듣는다.

나는 오늘, 지적보다 공감의 언어를 선택한다.

나는 오늘, 완벽한 하루보다 진심이 담긴 대화를 남긴다.

나는 오늘, 결과를 묻기보다 마음을 묻는다.

나는 오늘, 아이의 속도에 맞춰 걷는 연습을 한다.

나는 오늘, 조언보다 경청으로 마음을 열어준다.

나는 오늘, 아이의 실패를 꾸짖지 않고 배움으로 바꾼다.

나는 오늘, 내 불안을 내려놓고 아이의 가능성을 바라본다.

나는 오늘, 대화의 자리에서 사랑을 표현한다.

"이 책을 덮는 당신이 오늘 저녁 아이와 나눌 첫 대화가, 새로운 관계의 시작이 되기를 진심으로 온 마음을 다해 응원합니다."

부모 되는 철학 시리즈 "함께 나누는 행복 이야기"

'부모되는 철학 시리즈'는 행복한 부모가 행복한 아이를 만들게 돕고, 가정의 건강한 성장을 이루도록 이끄는 씽크스마트의 시리즈 브랜드입니다. 부모와 자녀는 물론이고 청소년과 노년까지 전 세대가 함께 행복을 나누는 이야기를 모았습니다.

 경기도 고양시 덕양구 청초로 66 덕은리버워크 B동 1403호 T.02-323-5609